アフガニスタン戦争被害調査報告（第2次・第3次）

- 6 調査団の目的と概要

難民キャンプでの聞き取り調査
- 13 VRCイスラマバード・キャンプ／イスラマバード I-11
- 18 カチャガリ難民キャンプ
- 21 ニュー・シャムシャトゥ難民キャンプ

アフガニスタンでの聞き取り
- 27 カブール
- 34 カラバー

NGOからの聞き取り調査
- 40 グローバル・エクスチェンジ

- 42 まとめ
- 44 アフガニスタン国際戦犯民衆法廷を開こう
- 57 アフガニスタン国際戦犯民衆法廷公聴会開催ガイドライン
- 60 アフガニスタン国際戦犯民衆法廷規程
- 65 民衆の力で新たな歴史を創ろう！
　　「アフガニスタン国際戦犯民衆法廷」（2003年12月13日〜14日）開催

- 4 アフガニスタン関係地図
- 26 カブール市街図

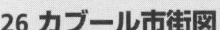

GENJIN ブックレット 35
現代人文社

はしがき

　本書は，2002年7月に出版した『ブッシュの戦争犯罪を裁く』（現代人文社）の続編です。前書出版後，私たちは同年7月から8月にかけてパキスタンのアフガニスタン難民キャンプで第2次調査を行い，さらに9月にはアフガニスタンに入って，カブールなどで第3次調査を行いました。本書にはその報告書を収録しています。

　私たちはこれらの調査を通じて，アメリカがアフガニスタンにおいて戦争犯罪を犯したことを確証しました。そこで2002年10月に〈アフガニスタン国際戦犯民衆法廷〉の具体的な呼びかけを始めました。被告人はジョージ・ブッシュ・アメリカ大統領です。訴因として掲げた犯罪容疑は，侵略の罪，人道に対する罪としての迫害，戦争犯罪（民間人攻撃，捕虜虐殺，捕虜虐待）です。起訴状は上記の前書に収録しています。

＊

　この〈法廷〉は，2003年12月に東京で開催することを目指します。〈法廷〉を日本で開催するのは，次の理由からです。

　第1に，米英軍のアフガニスタン空爆に際して，日本軍（自衛隊）が「空中給油」という戦争協力をしました。報道によると，日本軍による給油の量は，米英軍が消費した燃料の半分に達するということです。アフガニスタンの澄み切った青空から落ちて来た爆弾の相当の部分は，日本軍の協力によるものです。本書に収録した報告書に示したように，米英軍の空爆によって多数の女性と子どもたちが亡くなっていきました。私たちの税金を使って，アフガニスタンの女性や子どもたちを殺したのです。日本軍の戦争協力を阻止することができなかった私たちの責任を自覚し，問い直す必要があります。

　第2に，日本政府はアフガニスタン「復興支援」に積極的な役割を果たしています。「復興支援会議」が東京で開催されたことは周知の通りです。また，日本の多くのNGOが食料・飲用水・医療・教育など様々の支援をしています。その活動には敬意を表します。しかし，「復興支援」という前に，2001年10月7日以後にアフガニスタンで行われたことは何であったのかを検証しておく必要があります。

　こうした理由から，私たちは〈法廷〉開催の場として日本が相応しいと考えました。

　幸いなことに〈法廷〉にはアメリカからも多大の協力が得られることになりました。

第1に，湾岸戦争におけるイラク空爆の戦争犯罪を暴く国際法廷を呼びかけて，実現したラムゼー・クラークさんが設立した国際行動センター（IAC）の協力が得られました。クラークさんには〈法廷〉の特別顧問に，同じくIACのサラ・フランダースさんには共同代表の一人になっていただきました。

　第2に，「9．11」の犠牲者遺族らと，アフガニスタンの戦争被害者の交流と和解を目指して活動しているNGOのグローバル・エクスチェンジからも協力を得られました。

　第3に，アメリカで唯一空爆反対の決議をあげたバークレー市の平和運動とも連絡を取り合っていくことになりました。

　私たちはブッシュ大統領の戦争犯罪を告発していきますが，アメリカの反戦平和運動と多いに連帯していきます。同様に，アジア各地の市民運動や平和運動とも連帯の輪を広げていきます。

＊

　〈法廷〉は，湾岸戦争の際のクラーク法廷に学んで〈連続公聴会〉方式を採用します。アフガニスタンにおけるアメリカの戦争犯罪を解明するために，各地のジャーナリスト，NGO，研究者が持っている情報を集約し，整理して，〈法廷〉の証拠として積み上げていきます。すでに2002年12月15日，東京・新宿で第1回公聴会を開催しました。2003年には全国各地で開催します。また，機会を得てアジアやアメリカでの開催も目指します。「公聴会開催ガイドライン」を本書に収録しています。

　〈法廷〉は，2000年12月に，東京で開催された「女性国際戦犯法廷」にも学びます。日本の女性たちが呼びかけて実現した「女性国際戦犯法廷」は，民衆が国際法を理論的にも実践的にも実現する意欲的な試みであり，ジェンダーの視点を国際法に盛り込む大きな成果を獲得しました。私たちもこれに学んで，現代国際法の発展に寄与する〈法廷〉運動に取組みます。「アフガニスタン国際戦犯民衆法廷規程」を本書に収録しています。

＊

　「9．11」以後，現代世界の変容は加速度を増しています。アメリカは，アフガニスタンからイラクへ，さらには朝鮮半島へと，武力行使や武力による威嚇を続けています。

　国際法を無視し，破壊しているのはブッシュ大統領です。歴史の歯車を逆回転させているブッシュ大統領の無法を許さず，平和の文化を紡いでいく〈法廷〉運動にぜひご協力ください。

アフガニスタン国際戦犯民衆法廷実行委員会

アフガニスタン関係地図

アフガニスタン戦争被害調査報告
（第2次・第3次）

まだ見ぬ故郷に帰れる日はいつか（ニューシャムシャトゥ難民キャンプ）

調査団の目的と概要

1　調査の目的

　わたしたちは2002年3月にアフガニスタン戦争被害調査団（第一次）を組織して，パキスタンにおけるアフガニスタン難民キャンプにおける調査を実施した。その結果は，アフガン戦犯法廷準備委員会編『ブッシュの戦争犯罪を裁く――アフガン戦犯法廷準備編』（現代人文社，2002年7月）に収録されている。

　第二次調査の目的は第一次調査結果のフォローアップである。

　第一次調査では，アフガニスタンに対するアメリカの武力攻撃（後述するように，本報告書では「アメリカ戦争」と呼ぶ）はあからさまな国際法違反行為であり，しかも民間人攻撃，民間施設攻撃，捕虜虐殺，捕虜虐待が行われた疑いが極めて高いにもかかわらず，国連や国際世論がアメリカの圧倒的な軍事力の前に沈黙を余儀なくされ，平和運動や人権NGOの戦争停止を求める声も無視され，アメリカの戦争犯罪を解明するための戦争被害調査が行われていないので，被害実態の調査を行うことにした。

　「アメリカ戦争の被害実態を調査し，民間人・民間施設に対する違法な攻撃や，捕虜虐殺・捕虜虐待の事実を解明し，それを国際法に照らして評価し，責任を追及することが必要である。国連が本来なすべき責任を果たさず，むしろ戦争犯罪の隠蔽に加担している以上，NGOが役割を果たす必要がある」（第一次報告書『ブッシュの戦争犯罪を裁く』8頁）。

　ただ，残念ながらアフガニスタンにおいてアメリカや国連の利益に反する戦争被害調査を行う客観的条件がないため，わたしたちはまずはパキスタンで調査を行った。第一次調査では，ニュー・シャムシャトウ難民キャンプ，コトカイ難民キャンプNo.1，カチャガリ難民キャンプNo.4，イスラマバード

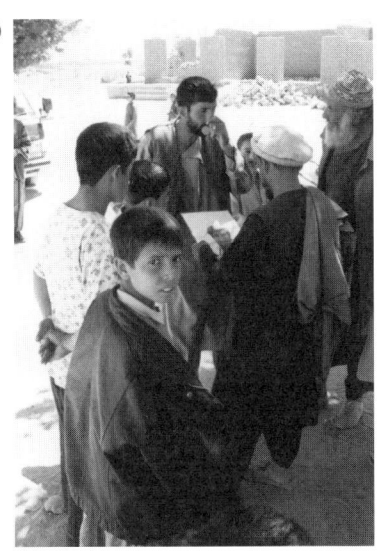

カラバーでの調査（2002年9月6日）

I-11を訪れて，難民に取材を行った。また，NGOのペシャワール会，アフガン難民を支える会，ナジャット麻薬リハビリテーション・センターでもお話を伺うことができた。

しかし，当然のことながら，外国人が短期間滞在して行う調査には大きな限界がある。引き続き継続的な調査を行う必要がある。また，アフガニスタン国内での調査が不可欠である。

そこで，2002年9月には第三次調査としてアフガニスタンに入り，カブールやカラバーで戦争被害調査を行った。

本報告書は，その第二次および第三次調査の報告である。

2　構成とスケジュール

1　第二次調査団

アフガニスタン戦争被害調査団（第二次）は，2002年7月29日から8月4日にかけてパキスタンでの調査を行った。団員は次の5名である。

前田　朗（東京造形大学教授）

植松　良恵（ブッシュを裁く！民衆法廷キャンペーン・関西）

杉谷　伸夫（ブッシュを裁く！民衆法廷キャンペーン・関西）

大黒　福世（平和と民主主義をめざす全国交歓会）

藤原奈央子（ブッシュを裁く！民衆法廷キャンペーン・関西）

調査団の目的と概要

スケジュールは次の通り。
7月29日：成田発――イスラマバード
　　30日：VRCイスラマバード・キャンプ。ペシャワールに移動
　　31日：カイバル峠。カチャガリ難民キャンプ。
8月1日：ニュー・シャムシャトゥ難民キャンプ。イスラマバードに戻る。
　　2日：イスラマバード難民定住区Ｉ－11。
　　3日：観光。
　　4日：イスラマバード発――成田帰国（5日）。

　私たちがイスラマバードに着いた日，イスラマバードD－12地区では警察隊と地元住民の間で銃撃戦があった。国有地に勝手に住み着いた住民の強制立ち退きとそれに対する抵抗が激化して，双方が発砲し，6人が死亡したという。翌日以後のニュースでは「暴動」と表現されていたが，同時に，どちらが先に発砲したのかが問われていた。イスラマバード首都警察はどちらが先に発砲したかを確認することを拒んでいた。インド・パキスタンの係争が続くカシミールでも銃撃戦で2人が死亡した。
　7月30日には，ベイルート大学で自殺爆弾が爆発し，6人が死んだ。
　7月31日には，今度は，ヘブライ大学のカフェテリアに爆弾が仕掛けられ，7人が死亡した。パキスタンで見たニュースでは「報復」といった言葉は使っていなかったが，ベイルート大学事件と無縁ではないだろう。チェチェンでは39人が死傷し，スレブレニツァでは65人が死傷する事件が続発していた。
　8月1日には，イスラエル軍がナブルスのキャンプを攻撃し，3人のパレスチナ人が死んだ。
　イスラマバードの新聞やテレビでは，これらのニュースは日本にいるよりもずっと詳しく報道されていた。日本で見ている以上に，アジアは揺れ動いていることを意識しながらの調査であった。

2　第三次調査団

　アフガニスタン戦争被害調査団（第三次）は，2002年8月30日にパキスタン，9月3日にアフガニスタンに入り，9月11日にパキスタンに戻り，12日に帰国の途についた。団員は次の5名である。
　前田　朗（東京造形大学教授）

勝井　健二（統一の旗新聞社）
小林　聡（京都聖ステパノ教会司祭）
高瀬　晴久（平和と民主主義をめざす全国交歓会）
中西　綾子（神奈川市民キャラバン）

スケジュールは次の通り。

8月30日：成田発——イスラマバード
　　31日：準備活動。
9月1日：イスラマバードI－11，岩塩鉱山見学。
　　2日：アフガニスタンのビザ取得。ペシャワール泊。
　　3日：カイバル峠を越えてアフガニスタンへ入国。ジャララバード泊。
　　4日：グランド・トランク通りとマイパー峠を越えてカブールへ。
　　5日：カブール市内の戦争被害調査。グローバル・エクスチェンジ訪問。被害者証言。
　　6日：カラバー訪問調査。被害者証言。
　　7日：SORA訪問。資料整理。
　　8日：手続き不備のためパキスタンに入国できず，ジャララバード泊。
　　9日：ジャララバードでパキスタンのビザ申請。ダラワンタ確認。
　　10日：パキスタンのビザ申請面接。
　　11日：トルカムからパキスタンへ入国。イスラマバード泊。
　　12日：イスラマバード——成田着（13日）

　調査は9月9日のマスード暗殺1周年と9月11日の「同時多発テロ」1周年を控えた時期に始まり，パキスタンへ戻ったのがちょうど9月11日であった。もっとも危険な日とされ，ほとんどのNGOが活動を停止していたというが，この日に私たちは国境を越えることを余儀なくされた。

　私たちがイスラマバードに集結した8月30日には，インド・パキスタン国境でミサイル事件が発生していた。

　9月に入っても南アジアと中央アジアは，悲しい事件の連続であった。

　9月5日には，カブール市内のコミュニケーション・センター前の路上で爆弾事件が発生し，30名が亡くなり，100人以上が怪我をした。被害者はすべて民間の市民である。タリバン崩壊以後の最大の被害事件である。私たちは，コミュニケーション・センター隣のカブール・ホテルに宿泊していたの

調査団の目的と概要

で，まさに目と鼻の先である。

　同日，カンダハルでは，カルザイ暗殺未遂事件が発生し，実行犯数名が射殺され，警備についていた米兵1名も死亡した。実行犯はアフガニスタン兵らしいと報道されていた。米兵に警備されたカルザイは，アフガニスタン人民の信頼も得られない，「お雇い外国兵」ならぬ「お雇い大統領」にすぎないことが浮き彫りになった。

　6日前後には，カブール市内で爆発物が発見されている。

　7日にはトルカム国境付近で，アフガニスタン側からロケット弾が発射され，パキスタン側の応戦によって2名が死亡した。一時，国境が閉鎖されたという。

　パキスタンでも，5日にはアルカイダ兵捜索と称してパキスタン軍6000名が北西辺境州に派遣された。10日にはイスラマバード市内で手榴弾が発見された。11日には，カラチでパキスタン警察が，アルカイダといわれる5人と銃撃戦の末，2人を射殺し，3人を逮捕した。インドとパキスタンの対立も続いている。

　パキスタンとアフガニスタンでは連日のように事件が発生していたが，11日に向けて警備も非常に厳しくなり，国境も道路も警備兵が検問をしていた。ISAF武装兵士がカブール市内を我が物顔で走り回り，ジャララバードでは米軍のヘリコプターが夜間低空飛行で住民を監視し，威嚇していた。

　一部のメディアが唱えているアフガニスタンに訪れた「平和」の実態を肌で感じながらの第三次調査であった。

3　用語と記述方法

　本報告書で用いる用語については第一次報告書（『ブッシュの戦争犯罪を裁く』9頁）に示した通りであるが，若干の追加事項を含めて確認しておく。

　第1に，「ソ連戦争」（1979年から1989年にかけてのソ連のアフガニスタン侵攻），「内戦」（1980年代以後の北部同盟，タリバンなどの権力闘争），「アメリカ戦争」（2001年10月7日に始まったアメリカ・イギリス連合軍等によるアフガニスタン侵攻）といった用語は特段の価値判断を込めずに用いることとする。なお，現地では「ソ連戦争」ではなく「ロシア戦争」という表現が多用されているが，19世紀のアフガニスタン戦争等と区別すること，および当時はソ連邦の時代であったことから，本報告書では「ソ連戦争」として

いる。

　第2に，ウルドゥ語，パシュトゥン語を始めとする現地語については，英語表記をもとに現在の日本で一般的に用いられている表記を採用した。現地読みを正確に反映していない場合がある。

　例えば，第一次報告書で「コトカイ難民キャンプ（Kotkai）」という表記を用いたが，これは国連難民高等弁務官事務所（UNHCR）のスタッフのメモ書きに従ったものである。その後「クトカイ」の誤認ではないかとの指摘を受けたが，2001年3月段階で入手していた地図や資料では確認できなかった。今回入手した地図には「Kutkai」と表記したものがあったが，UNHCRのキャンプ名称としては「コトカイ」が正しいという。通訳をしてくれたパキスタン人も「コトカイ」がもとの発音に近いという。

　なお，マスード将軍ら北部同盟が立てこもってタリバンと闘ったことで知られるパンシール（Panjsher）渓谷は，従来は「パンジシール」と表記されることが多い。しかし，わたしたちが会ったタジク人は皆「パンシール」ないし「パンジール」と発音していた。

　いずれにせよ，わたしたちは現地語読みの正確さを追求する能力も時間も持ち合わせていない。アメリカの戦争犯罪による被害調査に当たって必要な限りで事実を確認するのが精一杯である。

　第3に，国際機関等の呼称・略称も一般的な用法に従った。

　第4に，文章の記述方法も，必ずしも客観的記述にこだわっていない。事実についてできる限り客観的な表記をするのは当然のことであるが，戦争被害については証言者の主観や調査者の主観を排除することが必ずしも合理的とはいえない。アメリカの戦争犯罪を裁くという問題意識による戦争被害調査は，調査者の主観的な目的意識に貫かれていてこそ意味がある。同じ難民キャンプを訪れるにしても，戦争被害調査の目的をもたない調査者と，その目的をもつ調査者とでは，異なる事実認識をするのが自然である。主観を含んでいることを自覚した上で，主観と客観の両面をできうる限り区別した表記が望まれる。

　また，事実関係について確認の取れない情報も含んでいる。証言はその時点での証言者の記憶の表現であって，誤認，記憶違い，忘却，脚色を伴うことを免れないし，確認を取ることも容易ではない。従って，本報告書では証

言者の証言をそのものとして表記するが，地名や歴史的経過などについては資料で確認している。第三次調査では，第一次調査の際に得た情報のいくつかを現地で確認することができた。

　第5に，「タリバン基地」という表現について断りをしておく必要がある。「連合軍がタリバン基地を攻撃した」という報道が繰り返されたし，私たちの第一次報告書でも「タリバン基地」としてきた。

　しかし，今回の調査で，「タリバン基地」なるものが，一軒の家にタリバン兵士が駐在していたといった程度のものも含んでいることが判明した。カブール北部には確かに大きなタリバン基地跡があったが，他は「基地」と言っても，ごく小さな民家を接収して数人のタリバン兵士が出入りしていたにすぎないものもある。そこで本報告書では，軍事基地のイメージにふさわしい場所を「基地」と呼び，他は「タリバンがいたところ」といった表現を採用している。

ジャララバードからカブールへの道

ブッシュの戦争犯罪を裁く　part 2

●難民キャンプでの聞き取り調査 ───── 1
VRCイスラマバード・キャンプ(Verification Islamabad)／イスラマバードⅠ-11

場　所：イスラマバード市西郊地区
人　口：最大時20万人
証言者：UNHCRスタッフ
訪問日：2002年7月30日，8月1日

帰還キャンプの子どもたち

首都の郊外で

　ほとんど何もない野原と土の大地に数台のバスが並び，周囲を多数の難民たちが取り囲んでいる。バスに乗り込んだ人たち，バスの屋根に荷物を載せている人たち，バスの屋根に座った子どもたち，バスの脇で待っている人たち，見送りの人たち。イスラマバード周辺に居住してきた難民たちがアフガニスタンへ帰るところである。
　車から降りると大勢の子どもたちが寄ってくる。大人たちもその外側に集まってくる。
　最初に，UNHCRのテントでチャイをご馳走になりながらUNHCRのスタッ

戦争被害調査報告

フに取材した。

　VRCは、イスラマバードI－11の隣にあって、ここからの帰還手続きをするキャンプである。イスラマバードI－11は、ソ連戦争が始まった1980年代から続いているキャンプで、かつては20万人の難民が暮らしていた（イスラマバードI－11については『ブッシュの戦争犯罪を裁く』27－30頁参照）。イスラマバードI－11はパキスタンの首都イスラマバードの市内というのに、20万人もの難民が居住していたのだ。

　イスラマバードI－11の家は、土で造ったものである。ソ連戦争以来、20年間に広がってきたもので、無秩序に広がった土の住居群である。土の家は、地面に土を積み上げ、盛り上げて、壁を造り、屋根をかける。数軒の家が壁を共有して並んでいる。その間に通路が伸びる。通路は狭く、曲がりくねって、でこぼこである。中央部分が大きく窪んでいるのは、雨が降れば、通路は水路と化すのであろう。

　VRCは、テントとUNHCRの建物である。登録手続きはUNHCRの建物で行われる。コンクリート作りの建物で、天井には大きな扇風機が回って風を送っていた。ここのUNHCRスタッフは45人いるという。

　飲水はイスラマバードの政府機関がパイプを設置して水を提供しているという。イスラマバードI－11には上水道はなく井戸に頼っていたが、VRCには上水道が一応存在している。UNHCRも水を提供している。従って、ここの水は清潔・安全であるという。とはいえ、それらで十分足りるわけではないらしく、あちこちに井戸を掘っているという。

帰還大作戦

　2002年3月から難民のアフガニスタンへの帰還が急速に進んでいる。特に、ロヤ・ジルガの開催された6月からUNHCRは難民の帰還大作戦を展開中である。

　UNHCRの事務所では難民帰還のための登録手続きが行われていた。

　まず、UNHCR事務所で、帰還を希望する家族ごとに登録をする。UNHCR事務所の前に多くの女性たちが座って順番を待っていた。順番待ちは女性たちの「仕事」だという。周りを子どもたちが走り回っている。男たちは、自宅で荷物をまとめているか、その日に帰還する別の家族たちと別れを惜しんでいるのだろうか。

帰還意思が確認できて，家族登録の済んだ家族は，翌日以後の指定された日に再びやってきてバスに乗る。帰還家族が少ないときは翌日が指定日になるが，多いときは2日後，3日後になる。UNHCR事務所の前の通路にバスが10台ほど並び，やってきた家族が，UNHCRスタッフがもつ登録リストと照合したうえで，どんどん乗り込んでいく。

　バスは毎日10台で，約500人が帰るようだ。バスの台数がとても足りないと感じられるが，バスの屋根の上にも子どもたちが乗って座っていた。家族と荷物がこんなに載っていて，あのカイバル峠を越えていけるのだろうかと心配になるが，大丈夫のようだ。

　バスはイスラマバードからペシャワールへ行き，ペシャワール郊外のカチャガリ難民キャンプよりもさらに西にある帰還のための中継キャンプに着く。ここでUNHCRは難民1家族あたり3万ルピーを渡す。これは当座の生活支援の資金である。ペシャワールから再び出発したバスは，カイバル峠を経て，国境の町トルカムへ行き，ここで難民はアフガニスタン側のバスに乗り換えて帰っていく。

　どの地域に帰すのかは確認し忘れたが，当然，出身地を優先し，本人の希望を考慮するのであろう。また，UNHCRはあくまでも帰還の支援をしているのであって，帰還を強制してはいない。任意の帰還であることが強調されていた。

　イスラマバードI－11の難民20万のうち，すでに10万人がVRCを経由して，アフガニスタンに帰ったという。それでも半分の10万人が残っていることになる。UNHCRスタッフは，強制はしないが，希望者はだいたい帰れると話していた。

　半分くらいが帰還したというイスラマバードI－11には，あちこちに人がいなくなって壊された家もあるが，まだまだ人が生活している。

　子どもたちがたくさん集まっていた。今でもニュー・シャムシャトゥよりもずっと生活臭がある。モスクでは男性たち50人ほどがお祈りをしているところだった。

　奥に入ってみると，確かに無人の家も多いようだ。半分くらいの家が壊されていて，平らに整地されているところもある。

戦争被害調査報告

帰還をめぐる状況

　Ⅰ－11は1980年代からの難民キャンプであり，大人たちは20年もの長い間ここで暮らしてきた。難民としての生活基盤がパキスタンに移っている。子どもたちはここで生まれ，祖国アフガニスタンを見たことがない。こうした家族がアフガニスタンに帰還するにはさまざまの困難が想像される。

　UNHCRスタッフは，帰還に特に困難や障害はないという。

　第1に，祖国が平和になって帰還できるのだから，誰もが帰還を望むはずである。親戚もアフガニスタンにいる。

　第2に，イスラマバードには難民が稼げる仕事がない。軽作業程度の仕事しかない。ペシャワールには企業丸ごと移ってきたアフガニスタン絨毯の例があるが，イスラマバードにはそうした例はない。ここに仕事がないのだから，彼らを引き止める要因はない。

　第3に，アフガニスタンにも徐々に仕事ができている。畑仕事に戻れない場合でも，カブールには人や物が集中して少しずつ活気を取り戻している。

　こうした理由から，難民の帰還を妨げる要因はないという説明であった。

　もっとも，支援金目当ての偽装帰還もあることはUNHCRスタッフも認めていた。UNHCRは帰還家族に3万ルピーの生活支援金を渡している。そこで，お金をもらってアフガニスタンに帰っても，ひそかに再入国して，別人になりすまして再登録し，支援金を二重取りする例が多いようだ。UNHCRのスタッフも難民の支援金二重取りには十分気づいている。それでも帰還を促進することができるのだから，目をふさぐしかないのだろう。

　逆に，帰還を困難にする要因もあるのではないか。

　第1に，パシュトゥン人にとっては，アフガニスタンの状況がけっして平和で安全とは言いがたい。

　第2に，アフガニスタンに帰っても生活のめどが立っているわけではない。土地，畑が無事であれば仕事に戻れるが，その保障はない。ほかの仕事がふんだんにあるわけでもない。故郷に戻って家を建て直しても，その後の生活の保証はない。

　こうした要因を考えると，春から夏にかけて帰還大作戦がそれなりにうまくいっているとしても，まだその成果を評価できる段階ではないのかもしれない。

ブッシュの戦争犯罪を裁く　part 2

というのも，パキスタンとアフガニスタンの気候の違いが影響している可能性もあるからだ。夏のパキスタンは非常に暑い。イスラマバードやペシャワールは猛暑である。一方，アフガニスタンは高地であり，パキスタンよりはずっと涼しい。カブールは標高1800メートルの高原にある。カブール周辺からパキスタンにやってきた者には夏の暑さは大敵である。春から夏にかけて難民のアフガニスタンへの帰還がうまくいったとしても，秋や冬になってもアフガニスタンにとどまっているかどうかが問題である。帰還大作戦の成果の評価は長期的に見なくてはならないのではないか。

順番待ちの「仕事」

●難民キャンプでの聞き取り調査──2
カチャガリ難民キャンプ（kachagari）

場　所：ペシャワール郊外
人　口：最大時8万人
訪問日：2002年7月31日

カチャガリ難民キャンプの病院

夏休みのキャンプ

　カチャガリ・キャンプは1980年代のソ連戦争以来続いているキャンプで、ジェロザイ難民キャンプとともに、もっとも古くからあるキャンプである。
　しかも、他のキャンプとは異なって、ペシャワール市内のグランド・トランク通りに面していて、ちょっとした商店街もあり、木材商、小さな雑貨屋、自転車屋、床屋、仕立て屋もある。難民キャンプといっても、ペシャワールの市街地とそう変わらない。難民キャンプの主要な通りには電信柱が立っている。電気も通じているのだ。グランド・トランク通りに面した商店には、冷蔵庫や扇風機も置いてある。少ないとはいえ、実際に冷蔵庫を持って暮らしていた難民もいたという。ペシャワールの暑さからすれば冷蔵庫はむしろ

生活必需品と思うが，ニュー・シャムシャトゥ難民キャンプなどは電気もなく，電気製品は使えない。イスラマバードI－11も電気は通じていなかった。一部に自家発電があるだけだった。その意味では，カチャガリは電気が通じている分だけ恵まれていたということになるのだろうか。なにしろ，路上を歩く難民が携帯電話を持っているのには驚かされた。

第一次調査では，カチャガリ・キャンプにある学校で校長や先生のお話を伺うことができた。今回はそのフォローアップを予定していたが，訪問した7月31日には学校は夏休みに入っていて，校長も先生も不在であった。

学校の取材をあきらめて，難民キャンプにある病院（SRCS TB HOSPITAL）での取材に切り替えようとしたが，やはり夏休みなのと，午前の診療が終わっていたため，医師や病院関係者は不在であった。診療時間は午前9時から午後2時までだ。カチャガリ・キャンプには3箇所の病院があるという。

病院内部は，まず長椅子の待合席があり，奥に仕切りで囲まれた診察室がいくつか並んでいる。診察室といっても，中央の机の両側に医者の席と患者の席があるだけだ。ベッドはない。UNHCRやユネスコなどの協力で医薬品が提供されているが，貴重品なのであろう。診察室周辺には何も置いていなかった。ペシャワール会が一見して誰にでも独立の病院と見えるのに比較すると，ここは病院といっても十分な機能は果たしていないようだ。もっとも，カチャガリ難民キャンプは広いので，ほかにも同じような病院があるほか，全体をコーディネートする機能が備わっているようだ。

難民住居跡

カチャガリ難民キャンプからもアフガニスタンに帰還した難民が多数いるので，一角の家々は空き家になっていた。UNHCRスタッフによると，6万人いたうち3万人くらいは帰ったというが，正確な数はわからなかった。イスラマバードI－11と同様に半分が帰還したようだ。

居住者のいなくなった土の家は，壁が壊されて，崩れ落ちている。帰還した難民が舞い戻ってきてもここには住めないようにしているのかと思ったが，UNHCRスタッフの話では，アフガニスタン人はもともと自分の土の家を引き払って引っ越す時には家を壊して，その土地を離れるのだという。

しかし，ほかで聞いた話では，難民が帰ってこないように国連スタッフが

壊しているという。

　いずれにせよ，土の家をつくるのは，特別な職人でなくてもできる。難民たちが協力すればすぐに新築したり，改修して住めるようになるはずだ。

　土の家の玄関を入ると，中は漆喰が固めてあったものが，崩れ落ちている。家の外は土だけだが，土の壁の内側は漆喰を塗り固めて，居間などの生活空間を作っている様子がよくわかった。外側の壁と，内側の壁，そしてトイレの跡がよくわかる。壁の厚みは20センチほどはある。縦4メートル横3メートル程度の長方形の壁の中に生活空間がつくられ，居間やトイレの仕切りがある。外には家畜が水を飲むための水呑み場もある。

●難民キャンプでの聞き取り調査―――――3
ニュー・シャムシャトゥ難民キャンプ(New Shamshatoo)

場　所：ペシャワール東南
人　口：約4万5000人
証言者：バシル・アーメド (Bashir Ahmed), ロイク (Leaq)
訪問日：2002年8月1日

破壊，放置された家

難民住居跡

　ニュー・シャムシャトゥ難民キャンプは，ペシャワール郊外東南部の高台にある新しいキャンプである。1999年に始まって，ジェロザイ・キャンプから移転してきた難民と，アメリカ戦争のために逃げてきた新しい難民が住んでいる。2002年1月ころにはテントがならび，新しい土の家を造成中であったというが，2002年3月の第一次調査の時には土の家が完成して，ほとんどが家に住んでいて，テントはごくわずかであった。

　今回行ってみると，アフガニスタンに帰った家族もたくさんいることが判明した。ここには最大時1万1224家族，5万3137人の難民がいたが，8月1日までに1960家族，8340人ほどが帰ったという。そのほとんどが6月と7月

に帰った。今も毎日150人ほどが帰っているという。

　帰還した難民が住んでいた家に案内してもらった。難民が帰った後の家はいずれも壊されていた。壁が一部は崩れ落ち，屋根もなくなっている。中に入ると固めてあった漆喰も崩れている。トイレ跡は埋められていたが，猛烈な臭いがする。家の造りはカチャガリと同様である。土の壁で囲まれた長方形の世界に，居間やトイレを配置するだけだから，どこも同じタイプになる。

　互いに身を寄せ合い，支えあっていた土の家が，どこにも人影はなく，どれも壊されて，暑い陽射しの中に静かにたたずんでいる。

　ここで長くて3年，短くて半年ほどの難民たちの生活が営まれていた空間だが，崩れ落ちた土塊は，もはや崩れるに任せて，大地に還るしかないだろう。

職業センター

　ニュー・シャムシャトゥには，学校が24，コミュニティ・センターが1，病院が6つある。

　今回は職業センターを案内してもらった。NGOの「サイエド・ジャマルディン・アフガニー福祉機関（Sayyed Jamalludin Afghani Welfare Organization）」の支援で設置されている。

　同じ敷地に，男性用のセンターと女性用のセンターが並んでいた。

　教師のバシル・アーメド（Bashir Ahmed）さんが中を案内してくれた。

　まず，男性用センターに入った。やはり土の壁で囲まれている。住居よりも数倍ある大きな壁の中に，事務所や教室が配置されている。中庭をはさんで両側が教室である。

　ここでは，靴作り，木工，金工，土の家作りなどの教育をしている。センター全体で100人の生徒を受け入れている。研修は6ヶ月のコースである。1月に始めた生徒は6月に終了した。今は7月に始めた生徒たちが通っている。

　ニュー・シャムシャトゥは，ペシャワール市街からも遠いため，ここの難民たちはペシャワールに出かけて働くことも容易ではない。周囲は荒れ果てた大地で，高台の上に土の家が集中して並んでいるだけの世界である。ここにいると，国連からの支援などはあるから，食べて，生きていくことはできるが，仕事も何もない。子どもたちは学校を終了すると，行くところがない。

ブッシュの戦争犯罪を裁く　part 2

職場は存在しない。仕事のないままに暮らして，何もできない人間として成長してしまうことになりかねない。そうなると，将来アフガニスタンに帰っても，生計をたてることもできない。

職業センターでは，難民たちが，難民キャンプから外へ出て働くことができるように，そしてまた，将来アフガニスタンに帰ったときに少なくとも手に職をつけられるように，訓練を行っている。

教室といっても一方の側，長方形の一辺に壁があるだけで，他の三辺には壁がなく，互いに隣り合っている。靴作りの教室と木工の教室はつながっているし，その隣の金工の教室もつながっている。

靴作りの教室では，革を型にはめて切り取り，縫い合わせる訓練をしていた。サイズもまちまちで，幾分形が歪んでいたりするが，かなり頑丈な靴をつくっている。

木工教室では，のこぎりやかなづちの基本的な使い方を訓練していた。簡単な椅子や机はつくれるようになりそうだ。

金工教室では，小さな鍋やコップのようなものを作っていた。まだ入門編だが，6ヶ月もたてばもう少しちゃんとしたものを造れるようになるのだろう。

家作り教室では，土のブロックを積み上げて壁を造る作業を協力しながら進めていた。

また，言葉や算数を教える教室も一つある。子どものときに学校に通えなかった難民たちの教育を行っているという。ちょうど算数の授業のさなかで，20人ほどの生徒が勉強していたが，年齢はさまざまである。

女性用センター

女性用センターは，隣の壁の中である。大きさはほぼ同じである。少し違うのは，育児コーナーがある点だろうか。

ここでは主にミシンと服飾と絨毯作りを教えていた。

ミシン教室では，日本ではあまり見かけなくなったような古いタイプのミシンが10台ほど並んでいた。それぞれミシンの使い方を訓練している。第一次調査のときにペシャワール会の事務総長から，アフガニスタンで女性たちにミシンの訓練を始めていると伺った。同様に，ここでも女性たちはミシンに向かっている。戦争から逃げざるをえない状況で，ミシンを手にすること

もなく，使い方を知らなかった女性たちだ。アフガニスタンに帰れば，ミシンを使いこなせることで一定の生計をたてることができるという。

服飾教室も同じ趣旨である。中央アジア独特の服を編んでいた。学んでいる女性たち自身の服装も色とりどりで鮮やかだ。

絨毯教室では，大きな織り機が並んでいて，女性たちがそれぞれアフガン絨毯を織っていた。大きな絨毯なので一つ織り上げるのに3ヶ月ほどかかるという。研修は6ヶ月だから絨毯を2回織って，終了だ。絨毯の織り機の使い方や，絨毯作り自体は一度やれば，すぐにマスターできるだろうが，とにかく根気の要る仕事である。戦争で被害を受け，難民となった女性たちには，集中力と根気を養うことが課題であろう。

もう一つの小さな教室ではアラビア語の授業をしていた。ほとんど少女といったほうがいいような若い女性たちで，床に座っていた。

男性用センターは木工や家作りで，女性用センターはミシンと服飾と絨毯と，男女の役割分担が固定的ではあるが，そうした批判をしても始まらない。難民キャンプでともかくも人間らしい生活をするために，そして将来はアフガニスタンに帰って家族と暮らしていくために，最低限の職や暮らしの知恵を身につけていく必要がある。

センターの研修は6ヶ月が基本で，一学期の生徒は100人なので，一年間に男性200人，女性200人の生徒が学べる。最大時5万を超える難民のいたキャンプである。現在も4万5000人が住んでいる。年間400人しか学べないのは，残念ながら教室，教材，教師の限界があるからだ。

帰れない難民

UNHCRの発表では，2002年7月までに100万人の難民がパキスタンからアフガニスタンに帰ったという。パキスタンには最大時200万近くのアフガニスタン難民がいたとされていたから，ほぼ半数が夏までに帰ったことになる。

ところが，ニュー・シャムシャトゥ難民キャンプでは，最大時5万3000だったのに，8月1日現在でも4万5000ほどの難民が残っている。帰還したのは8340人ほどであり，帰還率は15％にすぎない。イスラマバードI-11もカチャガリも半分が帰ったのに，ここは15％である。イスラマバードI-11やカチャガリは定住しているからかえって帰りにくいはずなのに，新しいニュー・シャムシャトゥのほうが帰還率がずっと低いのは不思議だ。

バシル・アーメドさんは語る。

「ここにいるのは皆アフガニスタン人ですから，アフガニスタンが好きです。帰りたいのはもちろんです。アフガニスタンが平和になればすぐにでも帰ります。でも，今は戦争が続いています。ロヤ・ジルガがうまくいったといっても，本当に戦争がなくなったわけではありません。帰っても仕事がありません。水や食べ物も手に入れられません。だから帰れないのです」。

アーメドさんは，もともとカレッジ（高校）の教師だったという。カブールで教師をしていたが，21年前にソ連戦争のために逃げてきた。最初はカチャガリ・キャンプに住んでいたが，その後，パラチナ・キャンプを経て，今はオールド・シャムシャトゥに住んでいる。ニュー・シャムシャトゥには，難民教育に来ている。

「子どもたちは学ぶ機会をわずかしか与えられていません。学校で言葉やイスラムは何とか学習しますが，その後は何も学べません。アフガニスタンに帰っても，彼らは自分で生活できないのです。私は，難民キャンプで育った子どもたちが，いつかアフガニスタンに帰って，自分で暮らせるように，ここで私のスタッフたちと一緒に職業センターを続けます」。

もう一人の教師，ロイクさん（Leaq）も同じように語る。

「若いときは兵士でしたが，20歳のときに逃げて，難民になりました。カチャガリにもジェロザイにもいたことがあります。ジェロザイが一杯になったので，ニュー・シャムシャトゥに来ました。ここでは何でも教えています。教師は足りません。私は靴作りも木工も，ダリ語も算数も教えています。もともと教師ではありませんでしたが，難民キャンプではずっと教師です。子どもたちをアフガニスタンに帰すために，ここで働いています」。

ほかの難民はどんどんアフガニスタンに帰っているのに，ニュー・シャムシャトゥにはなぜ4万5000人も残っているのか聞いてみた。アーメドさんもロイクさんも異口同音に語る。

「ここにいるのは全員，パシュトゥン人です。カブールは今，北部同盟の政権が支配しています。パシュトゥン人が帰れる状況ではありません。帰っていったのは，タジク人です。パシュトゥン人が帰れるほど平和にはなっていません。私も帰りたいですが，パシュトゥン人です。だから，今は子どもたちに仕事を教えるのが大切です」。

カブール市街図

ブッシュの戦争犯罪を裁く　part 2

●アフガニスタンでの聞き取り ── 1
カブール（Kabul）

場　所：アフガニスタン首都，中央より東側のカブール州
証言者：サヒーブ・ダード（Sahib Daad），アリファ（Arifa），イスヌッ
　　　　ラー（Ihsunullah），ラーマ・トゥフラー（Rahma Tfullah）
訪問日：2002年9月5日，6日

米軍が破壊した学校（カブール市内）

破壊された住宅地

　カブール市内には3つの山がそびえる。アサマイ山（Kohi Asamai または Kohe Asmai），シェルダルワザ山（Kohi Sherdarwaza），ベマル山（Tapae Bemaru）である。アサマイ山とシェルダルワザ山の間をカブール川が流れる。アサマイ山は2000メートル級の山である。カブール自体が1800メートルなので，2000メートル級といっても特段に高くは見えない。シェルダルワザ山とカブール川の間が旧市街であり，カブール川の北側が中心街となっている。アサマイ山とベマル山の間が官庁街や住宅地である。他方，3つの山の外側にも市街が広がっている。

戦争被害調査報告

アサマイ山とシェルダルワザ山の間を抜けて南西部に出ると、公園（動物園）が広がり、その西側にカブール大学やいくつかの高校が集まっている。カブール大学の前の通りを挟んで南側は、かつては文教地区の住宅地であった。四番町（Karte Char）と三番町（Karte She）である。ここは主に内戦によって破壊された。現在も大半が壊れたままの廃虚である。
　カブール大学の建物も少なからず爆撃を受けて破壊されているが、被害はさほどではない。
　通りを越えて四番町に入ると、そこは見事な破壊の跡である。一見して、かつては瀟洒な住宅地であったであろうと思われる街並みが、行けども行けども崩れ落ちている。崩落した屋根、三方が崩れて一方だけ残った壁、瓦礫と化したれんがや鉄。戦争による破壊のすさまじさが伝わってくる。
　この地域は、主に内戦時代に破壊されたという。地元の人たちはムジャヒディン戦争という言い方をしていた。内戦自体長期にわたるし、タリバン登場後にはその様相も変わっているが、カブール市内で戦場となったのはここである。
　というのも、ここに住んでいたのは主としてハザラ人である。ハザラ人は、アフガニスタン中央部に多く住むモンゴル系の少数民族である。アフガニスタンには大きく分けると20ほど、細かく分けると50ほどの民族がいるといわれる。アフガニスタン南部には最大数のパシュトゥン人が住んでいる。パシュトゥン人は、パキスタンやイランにも多く住んでいる。アフガニスタン北東部にはタジク人が住んでいる。単純化していえば、内戦を闘ったのは、パシュトゥン人とタジク人である。パシュトゥン人とタジク人は、カブールの中心街（官庁街やバザール）は破壊せず、ハザラ人が住んでいる地域を戦場にしたのである。

子どもを失う

　9月11日の「同時多発テロ」被害者と、10月7日以後のアメリカ戦争によるアフガニスタンの被害者の交流を実現させたことで知られるNGOのグローバル・エクスチェンジを訪れて、アフガニスタンの被害者を紹介してもらった（グローバル・エクスチェンジでの取材は後述）。
　サヒーブ・ダード（Sahib Daad）さんは、カブールのあるカブール州の西に位置するワルダク州（WardakまたはVardak）のマイダン（Maidanshar）出

身の38歳のハザラ人である。

　ワルダク州は，ババ山脈（Baba）やパグマン山脈（Paghman）など4000メートル級の山岳地帯である。ババ山脈の最高峰は5060メートルある。マイダンはワルダク州の中では東寄りで，カブールから西へ30キロの近さである。カブールから国道A1号（グランド・トランク通り）を西へ向かって走ると最初の町である。近くを流れるカブール川は，カブール，マイパー峠，ジャララバードなどを経て，遠くパキスタンに流れ，インダス川に合流する。

　「20歳ころまでマイダンで暮らしていましたが，カブールに出て市場の販売員になりました。その頃はカブール市内を転々としていましたが，やがてカブール北部のベマル山麓のベマル地区に住むようになりました。この地域はマイダン出身のハザラ人が比較的多く住んでいます。結婚して，妻と4人の子どもがいました。そのうち2人の子どもを戦争で亡くしました。今は妻，12歳の息子，5歳の娘，幼児の5人で暮らしています。マイダンの両親はすでに亡くなっています」。

　ベマル地区は非常に貧しい住宅地である。カブールの中心街の建物とは違って，ベマル山の東側に手作りの貧弱な土の家が張り付くように並んでいる。ベマルのすぐ南のシェルプル（Sherpur）やアクバル・カン町（Akbar Khan）はかなり高級な住宅街のようだが，ベマルの街並みはまったく異なる。

　「2001年10月8日か9日のことです。朝の6時に爆撃を受けました。アメリカ軍のB52の爆撃です。近くにタリバンのポストがあったので爆撃があり，その被害を受けたのです。隣の家を直撃し，私の家もほとんど崩壊しました。4つの部屋がありましたが，すべて壊れました。道路側の部屋にいた9歳の娘と1歳の息子が亡くなりました」。

　タリバンの「ポスト」というのは連絡所のことであろうか。

　サヒーブさんは小柄な男性で，ハザラ人らしく日本人にも似た風貌をしている。表情が硬いのは，日本からの取材者のインタヴューに応じているせいだけではなく，子どもを亡くした話になると虚脱感に襲われているのではないかと思われるほど，動作も話し方も独特であった。

　近くの墓地にお墓がつくられている。今回の空爆の犠牲者のお墓は周囲を緑色の旗で囲んである（表紙裏の写真①参照）。お墓は10箇あった。石のお墓が一列に並んでいたが，縦の向きのものと横の向きのものがある。男性の

戦争被害調査報告

お墓は石を横向きに置き，女性のお墓は縦に置くということだ。

戦争被害についてアメリカ大使館に補償を求めたが拒否されたままだという。日本のメディアでは，一部の被害者にアメリカ政府が補償したことが報じられていたが，その実態は不明である。

夫と子どもたちを失う

サヒーブさんの子どもたちが亡くなった爆撃は，隣の家を直撃した爆弾によるものであった。隣の家は全壊して，建物の跡形もなく，崩れ落ちている。ここに住んでいたのがアリファさん（Arifa）である（表紙裏写真②，アリファさんの家族）。アリファさんは家が崩壊したので，近くにある一部屋だけの貧しい家を借りて，子どもたちと一緒に住んでいる。

アリファさんは，サヒーブさんと同じマイダン出身のハザラ人女性で，33歳である。夫はグル・アーマド（Gul Ahmad）という絨毯職人であり，マット（ラグ）を作っていた。ベマルに来たのは5年前である。夫は，カンダハルやヘラートを経て，イランに働きに行っていて，今回は1年半働いて，2001年9月末にカブールに戻ってきた。その10日ほど後に爆撃があった。

爆弾はアリファさんの家を直撃した。壁も屋根もすべて飛散し，崩壊した。今は，無惨な地面となっている。隣のサヒーブさんの家も全壊だが，それでも壁の半分は残っている。アリファさんの家は完全消失である。

爆撃で死亡したのは8人である。まず夫である。それから，夫にはもう一人の妻がいた。その妻と，5人の子どもが死んだ。さらに，アリファさんの子どもが1人死んだ。

家の外にいたアリファさんと，6人の子どもが生き残った。

取材には，アリファさんが直接応じてくれた。アフガニスタンでは女性が取材に応じることは少ない。アリファさんはブルカも被らず，スカーフだけで，素顔を出して取材に応じてくれた。夫が死亡しているため，アリファさんが前に出る必要があるからだろう。家に入り，他の人たちが入れないように戸に鍵をかけて取材を行った。

長女は部屋の中に隠れたまま，姿を現わさなかった。

14歳の長男は爆撃で頭に怪我をした。今でも頭痛がするため，勉強ができない。1日に1時間ほどしか考えることができないという。

10歳くらいの次女は最初はとても緊張して，母親に寄り添っていたが，取

材が一段落した頃には緊張も和らいだのか，カメラに向かって微笑んでくれた。

他の小さな子どもたちは，私たちを珍しげに見ていた。

家の中は小さな部屋が一つと，井戸があるだけだ。ここにアリファさんと6人の子どもたちが暮らしている。アリファさんは主婦だったため，手に職もなく，働いていない。アフガニスタンでは夫のなくなった女性の社会的地位は極めて低いと言う。働きに出ることもできない。NGOのグローバル・エクスチェンジの援助が少しあったが，それ以外に収入はない。

「今の家は，持ち主が地元にいないので借りて暮らしているのですが，まもなくアフガニスタンに帰ってきます。そうなると，私たちはこの家を明け渡さなければなりません。行くところはありません。アメリカ政府に補償を要求してもらいましたが，何も補償してくれません」。

クラスター爆弾で負傷

アサマイ山の隣のアリアバド山（Aliabad）の正面にインターコンチネンタル・ホテルがある。その麓の通り沿いの雑貨店員のラーマ・トゥフラーさん（Rahma Tfullah）の息子のイスヌラー君（Ihsunullah）は，クラスター爆弾の被害者である。

私たちはラーマ・トゥフラーさんをお店の前でピックアップしてから，ご自宅にうかがった。ご自宅はカブール西部のカルガー湖（Kargha）に向かう途中の，チャライ・カンバー（Charahi Qamber）にある。トゥフラーさんは40歳くらい，私たちが帰りがけに少しだけ姿を現わした夫人も40歳くらいに見えた。子どもは全部で7人で，男3人，女4人である。戦争で傷害の被害を被ったのは幸いイスヌラー君だけである。

ご自宅は住宅地にある，ごく普通の土の家である。中庭にはりんごの木が何本も植えてあるが，どれもとても細く，まだ成長していない。鶏を一羽飼っていた。家の中はきれいに整頓されていた。部屋の窓は比較的大きく，壁には立派な鏡が掛けられていた。

部屋の奥にイスヌラー君が横になっており，中は絨毯が敷き詰められ，その上に来客用に座布団が並べてあった。イスヌラー君は9歳の少年である。

「2001年10月，学校からの帰りに，家のすぐ近くの，歩いて1分のところで，従兄弟が何かを拾いました。従兄弟はそれが爆弾の破片だと気付いて，

前に投げ捨てました。すると，爆弾が爆発しました」。

　10月に米軍による空爆が数日続いた。近くにタリバンが使っていた建物があったためと考えられる。空爆は夜に行われることが多かったので，このあたりの人は夜になると郊外の山の方に逃げて，朝になると帰るようにしていた。その前夜にも11時頃に空爆があり，クラスター爆弾が投下され，住民3人が死亡した。

　翌日，学校帰りの子どもたち3人組が，学校の横の空き地を歩いている時に，一人がクラスター爆弾の不発弾を拾った。爆弾と気付き驚いて捨てたところ，それが爆発した。3人とも怪我をしたが，一番重い怪我をしたのがイスヌラー君であった。他の2人は従兄弟である。従兄弟たちも負傷したが，重傷ではない。彼らは今はパグマンに住んでいる。

　怪我は，第一に左足の膝下の傷害である。他にも，右足の親指の裂傷，左脇腹の傷，右腹部の傷を負っているが，左足の怪我が重傷で，被災直後には足を切断するしかないような状態だった。幸いドイツのNGOの協力で，ドイツに行って治療してくれることになった。イスヌラー君一人がNGOに連れられてドイツへ行き，手術を受け，左足を切断しなくても済んだという。現在も包帯を巻いている。このため欧米のNGOやジャーナリストの間では比較的知られているようで，何人ものジャーナリストが取材に来たという。

　イスヌラー君は怪我のため学校には行っていない。かなり回復してきたが，まだ外出はできない。NGOのグローバル・エクスチェンジが教師を派遣してくれるので，時々英語の勉強をしている。英語を習得したいという。

　子どもの治療のために自宅を売ったトゥフラーさんは，次のように語る。

　「NGOの協力や，それまで住んでいた自宅を売ったお金で，渡航費や治療費を出してきました。治療代は1000万アフガニーかかりました。この家は借家です。壊れた家を借りて，まず地雷を取り除きました。自分で修復して住んでいます。壁が崩れたのを，すっかり作り直しました。りんごの木を植えてあるところが，以前は部屋だったところです。今の部屋は私が作りました」。

　りんごの木の下には，以前の壁の跡がくっきりと見えて，元の配置がよくわかる。元の中庭の地雷を処理して，そこに新しく壁をつくって部屋にして，それまでの部屋を取り除いて中庭にした様子がわかる。

　取材時にチャイ（お茶）が出た。そして，ビスケットとドロップも勧めら

れた。お茶菓子を出した点や，部屋の様子から見ると，生活には困っていないのかとも思ったりした。アフガニスタンの客人歓待の文化ということもあるかもしれないが，何人ものジャーナリストが来ているので，支援なども受けているのかもしれない。もっとも，トゥフラーさんは「ジャーナリストがやってきて，話を聞いたり，写真をたくさん写していくが，何もしてくれない。まだ治療代もかかるので，生活支援が必要だ」と言っていた。

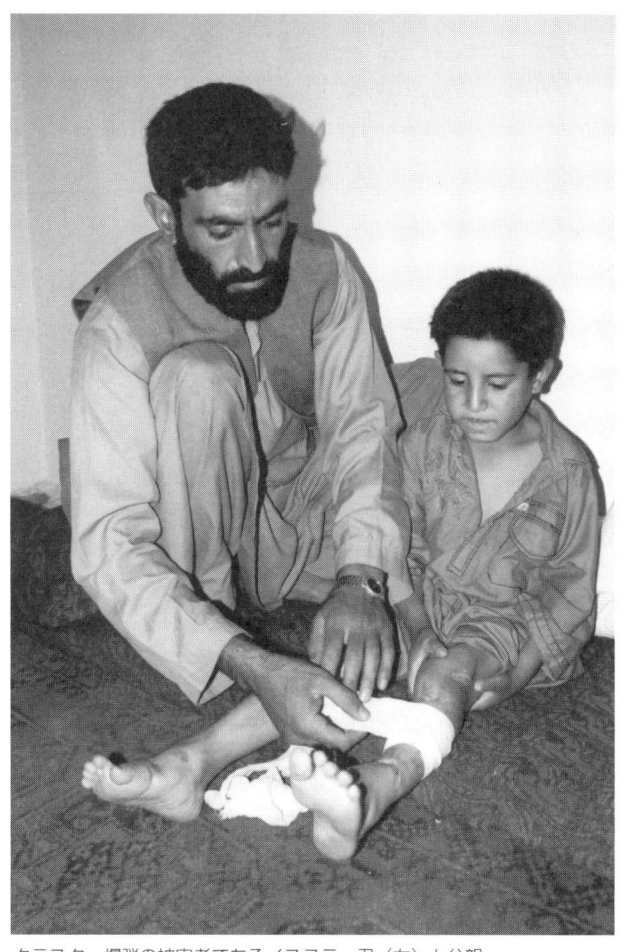

クラスター爆弾の被害者であるイスヌラー君（右）と父親

戦争被害調査報告

●アフガニスタンでの聞き取り──────2
カラバー（Qarah Bagh）

場　所：カブールの北へ約30キロ
人　口：8万人
証言者：アマヌラー（Amanullah），ルッフラー（Lutfullah）
訪問日：2002年8月6日

連合軍の爆撃で破壊されたモスク

カラバーへ向かう

　2002年3月の第一次調査の際にコトカイ難民キャンプで取材した難民の一人がカラバーの出身であった。名前はバダム・グルさん（Badam Gul）。グルさんの証言によると，カラバーにはタリバン兵がいたため連合軍の爆撃対象となった。連日の爆撃で，多くの人々が逃げた。300家族が住んでいたが，次々と逃げていき，グルさんの家族が最後に逃げた。タリバンの基地は，連合軍に占領されて，今は連合軍の医療センターになっている。グルさんは農夫であった。

　カラバーは，首都カブールの北側約30キロのところにある。カブールから

ヒンズークシ山脈（Hindu Kush）へ向かい，サロン峠（Salong passまたはSalang Pass）を越えて，マザリシャリフ（Mazare Sharif）へ向かう国道A76号を1時間も走るとカラバーである。カブール空港からの道もあり，合流点となっているため，カブール州北部の交通の要衝ともなっている。
　わたしたちはグルさんの証言を確認するためにカラバーに向かった。
　カブールもカラバーも盆地にあるが，周囲の山々は3000メートル級から4000メートル級である。カブール自体が標高1800メートルにあり，カラバーもおそらく標高1900メートルを越す位置にあるため，国道A76号の両側に聳える山々は，一見するとさほど高くは感じないが，カブール州西部のパグマン山脈（Paghman）の最高峰は4710メートルに達する。
　カラバーから十数キロも北に進めば，パルバン州（Parvan）に入るが，その北部がマスード将軍（Masood）率いる北部同盟が立てこもったパンシール渓谷（Panjsher）である。
　「マスードの町」ともいわれるカブール北部のタジク人の町カリカナ（Khairkhana）を過ぎて，元タリバン基地の横を通った。塀越しにみる光景は，徹底的な破壊の一語に尽きる。建物も戦車も，なにもかも，50回を越える連合軍の空爆によって破壊されつくされている。
　国道A76号の検問所の脇にはISAF基地があり，数台の戦車が並んでいた。検問所では，カブールから出て行く車はそうでもないが，カブールに入る車は厳しいチェックを受けていた。前日にカブールで爆弾事件が起きているし，9月11日が迫っているので当然のことであろう。この日，警察から私たちの安否についても問い合わせの電話が入っている。カブールのバザールも警戒が厳しく，人の出が大幅に少なくなっていた。町全体が緊張に包まれていた。
　カブールからカラバーへの途上には，無数の破壊された家々が並び，破壊され放棄された戦車の残骸，地雷処理中の地雷原，荒廃した畑がいつまでも続く。この辺りはかつてはぶどう畑の広がる美しい一帯だったという。今も遊牧民のテントがあちこちに並んでいる。しかし，タリバンと北部同盟の武力衝突が繰り返されたため，家も畑も銃撃や戦車によって見事なまでに潰されている。最前線だったビハバチャコートは完全に破壊されていた。
　地雷撤去作業中の場所を通った。国道沿いの家と畑が並ぶ一帯に石が並べてあり，片側が白，反対側が赤のペンキを塗ってある。白の側が地雷のない

安全な場所であり，赤の側がまだ撤去作業の終わっていない危険な場所である。家の壁も，処理作業の終わったところは白で文字が書いてあり，終わっていないところは赤い文字が書いてある。地雷撤去作業現場では写真撮影は禁止されていた。

　壁が崩れたままの家に住んでいる人々がたくさんいた。あちこちで，レンガを積み上げ，木材を運んで家の修復，というよりも実態は新築に励む人々を見ることができた。畑の修復は長期にわたる課題となるだろう。

　カラコーン，ミルバチェク，エスタリシなどのごく小さな村々をすぎると，やがてカラバーである。

破壊されたモスク

　カラバー中心部のバザールに着くと，私たちはバダム・グルさんの写真を持って，知っている人はいないかと探し始めた。第一次調査の際には，カラバーに来て確認作業を行うことまで考えていなかったため，グルさんの住所を詳しく確かめることをしていなかった。そのため手がかりは1枚の写真と証言内容だけである。

　国道A76号に面したバザールではグルさんを知っている人に会うことができなかった。

　また，国道と交差している道路に並ぶ店でもグルさんの情報は得られなかった。

　実はカラバーは非常に広い地域であり，総数がおよそ8万人の町であることが判明した。数百軒の村を想像していた私たちには驚きであった。国道沿いにこじんまりと並んだバザールの周辺だけを見るとさほどの町とは思えないが，50を越える地区を有する連合地区のような地域である。人口の60－70%がパシュトゥーン人であり，そのほかにタジク人などさまざまな人々が共存してきた町である。

　これでは写真1枚でグルさんにたどり着くのはきわめて困難である。

　やがて，近くの地域にバダム・グルという人物がいることが判明したが，その人物は医者であるという。私たちが取材したグルさんは農夫といっていたので別人であろう。医者のグルさんを知っている人に写真を確認してもらったが，やはり別人だという。

　わたしたちは落胆しながら，連合軍の爆撃で破壊されたモスクを見学した。

正門が一部破壊され，中に入ると，本堂もすべて破壊されていた。地元の人々は春から再建作業を始めており，本堂の壁を積み上げる作業が完了に向かっていた。モスクの裏庭に入ると，壁にはしごをかけて，レンガを積み上げている。

その場にいた人たちに，今度はグルさんの証言内容を確認した。ポイントは，第1に，2001年10月に始まった連合軍の爆撃でこの一帯が破壊され，60人の死者が出たこと。第2に，爆撃のためすべての人々が逃げざるをえなかったこと。第3に，近くに「タリバン基地」があり，それが後に連合軍の医療センターになっていること。

第1の爆撃の件は，2001年10月8日か9日に連合軍の爆撃があり，モスクが破壊され，多数の人々が死んだのは間違いなかった。

第2の逃散した件は，地域によって異なり，逃げた人もいるがすべてではないこと，カラバー全体でも逃げた人が多数とは言いがたいということだった。この点では，グルさんの証言は不正確だったことになるので，さらに質問をしたところ，地域によってはすっかり逃げたところもあるし，このモスク周辺もほとんどが逃げたという。グルさんの証言は，カラバー全体のことではなく，自分の住んでいた地域のことであったようだ。

第3に，近くに確かに「タリバン基地」があり，爆撃で破壊された後，連合軍がきて医療センターを開設しているという。また，「基地」以外に，タリバンが民家を接収して利用していたという。この点も本当の話であった。

こうしてグルさんの証言が大筋で間違いのないことは確認できたが，いかんせんグルさんを知っている人が見つからない。

そこでやむを得ず，連合軍が開設した医療センターを見に行くことにした。

医療センター前で

連合軍の医療センターは，カラバー中心のバザールの西のほうにあり，小さな病院といった程度の建物である。新しい建物ができあがっていて，元の「タリバン基地」の様子はまったくわからないが，その規模からみて，「基地」といっても，小隊レベルにも達しない小数のタリバン兵士がいたところであるとしか思えない。周辺では5箇所の民家を接収して使っていたというが，ほんの数人のタリバン兵士が出入りした程度であろう。

医療センターは，正式名称を「国際医療病院（International Medical Corps

Clinic）」といい，ドイツ政府の国旗マークがついていた。国連とドイツの援助で運営されており，地元住民の診療は無料という。門は閉ざされており，中を見ることはできなかった。

　私たちが医療センター前で写真を写していると，反対側から付近の住民がやってきたので，ここでもグルさんの写真を見せたところ，中の一人がグルさんを知っているという。

　アマヌラーさん（Amanullah）は，次のように語った。

　「この写真の人物は，運転手をしています。2日前にバザールの十字路で車の運転をしているのを見ました。彼はパシュトゥン人です。ディルガイ地区（Dirgai）の人です。前は農夫だったかもしれませんが，今は運転手です」。

　アマヌラーさんは，30－40歳代の男性で，地元の学校職員である。

　他にグルさんを知っている人はいなかった。

　結局，グルさんには会えなかったが，グルさんの証言の大半が事実であったことを確認できた。

トミラ地区の被害

　医療センター前に集まった人たちの話を聞いた。なかでも一人の若い青年がとても明晰な話をしてくれた。

　ルッフラー（Lutfullah）さんは，18歳のタジク人で，10学年の学生だが，ナイーム薬局（Naeem Phermacy）でパートタイムで働いている。学校では首席を通しているとのことで，周囲の大人たちも一目置いていた。穏やかな若者だが，話し振りも要点をついていて，実に整然としていた。将来は医者になりたいという。

　ルッフラーさんが，周囲にいた大人たちの証言を翻訳したり，本人の知識をもとにまとめ直して話してくれたのは次のような内容である。

　「この地域はカラバーの中心地に近いトミラ地区（Tomira）です。50ほどある地区の一つです。ここには2000家族，約1万人が住んでいます。パシュトゥン人もタジク人もいます。この医療センターの場所には以前はタリバン基地があったために激しい爆撃を受けました。爆撃は2001年10月の8日か9日です。幸い村人に死者はいませんでしたが，けが人は多数出ました。そこですべての人が逃げました。全員が逃げて，誰もいなくなりました。約2000人がパンシールに逃げました。村から北へ向かい，山を越えるとパンシール

ブッシュの戦争犯罪を裁く　part 2

渓谷につながっています。ここを皆，徒歩で行きました。荷物を持ち，家族を連れて渓谷を逃げる際に，谷に赤ん坊を落としてしまった人もいます。また，1万5000人の人がカブールを経てパキスタンに逃げました。カブールまではたいてい歩いていきました。24時間で着きます。カブールから車でジャララバードを経てパキスタンへ行って難民キャンプに入りました」。

　パンシール渓谷に逃げたのはタジク人であり，パキスタンへ逃げたのはパシュトゥン人であろう。住民数と逃げた数の合計が合わないのは，付近の人も数えているせいだろうか。

　カブールからパキスタンへ逃げる方法は，前回までの調査結果と同じであった。つまり，近い距離は徒歩で逃げるが，遠方へは車を利用している。カブールからパキスタンへ逃げる場合は，家族ごとで逃げる。数家族で車を借りて，ジャララバードを経て，トルカム近くの秘密の国境を越えていくのが一般的である。

　「人々が帰ってきたのは3－4ヶ月前のことです。国連は家の再建を支援してくれます。石，ドア，窓枠などを提供してくれます。人々は自分たちで協力して家を作り直しています。ここにも地雷が撒かれましたが，地雷撤去作業は2ヶ月前に終わりました」。

　取材が9月6日であるから，帰還が2002年5月から6月頃ということになる。人々は7ヶ月ほどトミラを留守にしていた。春になって暖かくなり，農作業の時期でもある。

　しかし，地雷撤去作業が終わったのが2ヶ月前というから，6月末か7月である。それまで農作業にも困難をきたしていたであろう。

●NGOからの聞き取り
グローバル・エクスチェンジ

証言者：ニルファー・シュジャ（Nilufar Shuja）
訪問日：2002年9月5日

グローバル・エクスチェンジ事務所での調査

　グローバル・エクスチェンジ事務所は，カブールで一番セキュリテイの厳重な地域にある。各国大使館や各国のNGO事務所のある地域で，ジャパン・プラットホーム事務所も近くにあった。
　事務所は5名のスタッフで運営している。2名がアメリカ人，3名はアフガン人である。アメリカには15万人のアフガン系アメリカ人がいる。ソ連戦争時に逃げた人も多いという。
　シュジャさんの詳しい経歴は聞けなかったが，アフガン生まれのアメリカ育ちでアメリカの市民権を得ている。アフガンの人々との言葉の壁はない。
　「ここでの活動は2002年1月から始まりました。私は4月に来ました。戦争被害を受けた家族を調査しています。そのうち10—15家族とはいつも会っています。カブール内外で50家族程度なら紹介できます。ちょうど9月7日に

は，被害者家族を事務所に招きます。補償要求をしていますが，アメリカ政府は応じようとしません」。

　グローバル・エクスチェンジの活動の柱は3本である。

　第1の柱は，戦争被害者の調査活動である。アメリカの爆撃で死傷した被害者を，アフガニスタンの11州で調査してきた。死者の文書記録を作成している。調査総計は900件にのぼる。また，補償基金づくりも進めている。調査方法は直接会っての面接調査である。アフガニスタンの家庭には電話がないので，出かけていって会う以外に方法はない。1枚の書式に1家族毎に記録したものが900枚に達している。

　「戦争被害者に対する補償はほとんどなされていません。アフガニスタン政府は何もできませんし，何もしません。被害生存者にも遺族にも支援がありません。アメリカ政府も補償をほとんど拒否しています。一部で補償した例が報道されていますが，わたしたちが扱っている被害者には政府による補償がありません。また，生存している被害者であれば，国連やNGOの支援もありますが，死亡者について誰も調査していません。あなたがたが進めているような戦争被害の調査をしているNGOは，わたしたち以外には聞いたことがありません」。

　第2の柱は，コミュニティの再建活動で，地域の組織づくりを進めている。また，学校の再建も重要である。

　第3の柱は，アメリカからのツアーの受け入れと交流事業である。サンフランシスコからのツアー受け入れをしたり，カブールからアメリカへも派遣している。双方の情報を交換し，交流を進めることが平和にとって大切である。人の交流を進めるために，アメリカとアフガニスタンの学校同士の姉妹学校づくり等も行っている。10以上の姉妹学校をつくっている。

　「被害者を日本に呼ぶことは可能でしょう。すでに私たちはアメリカに呼んでいます。その時にアフガンにいるかどうかわかりませんが，私も日本に行ってみたいと思います。本部に連絡をとり，調整しなければなりません」。

まとめ

　私たちの調査は2002年9月上旬の1週間の滞在中にごく限られた範囲を対象にした調査にすぎない。2次にわたるイスラマバードとペシャワールの難民キャンプの取材を含めても，不十分な調査にすぎないことは自覚しているが，それでも多くのことが明らかになった。
　第1に，カブール市内の戦争被害の一端を知ることができた。カブールで街が破壊されたのは1990年代前半からの内戦によるところが大きい。しかし，2001年10月以後のアメリカ戦争による被害も確認できた。カブール北部のタリバン基地の徹底的破壊は軍事目標に対する攻撃といえる。しかし，カブール南西部の市街地や，ベマル山周辺の住宅地への爆撃は軍事目標に対する攻撃ではない。報道では「タリバン基地」に対する攻撃の結果としての「誤爆」とされているが，「タリバン基地」なるものの実態は，小さな1軒家にすぎなかったりする。タリバン兵士が出入りしていた建物にすぎない。住宅地の中や周辺のこうした建物への爆撃は，必然的に民間家屋に対する被害を生じる。これは「誤爆」ではない。民間住宅地に対する爆撃によって民間人の被害が生み出されたのである。
　第2に，私たちが取材した範囲では，死亡した被害者は，アリファさんの夫以外はすべて女性と子どもである。アメリカによる空爆が「誤爆」であろうと，「誤爆」でなかろうと，女性と子どもたちが殺されている。「9．11」の被害者の数は世界が注目し，大騒ぎしながら数えるが，アフガニスタンの被害者の数は数えられない。民間人，特に女性と子どもの死者は世界から無視されたままである。アメリカのマーク・ヘロルド教授の調査が知られる。非常に重要な調査であるが，これは報道された死者を数えたものであって，報道されなかった死者は含まれていない。いったいどれだけの人々が報道さ

れることもなく亡くなっていったかは不明である。

　第3に，カラバーでの調査結果として，トミラ地区のようにすべての人々が逃げざるを得なかった地区があることを確認できた。町の中心にあるモスクが爆撃を受けて崩壊していた。周囲に軍事施設はない。また，カラバーには「タリバン基地」があったが，それが破壊されて，現在は国連の医療施設になっている。小さな，ごく普通の病院である。つまり，元の「タリバン基地」といっても，非常に小さな軍事施設にすぎなかったのは明らかである。こうした施設までも空爆していたのだから，周辺住民に被害が生じるのは当然である。トミラ地区の人々は，パンシールやカブールへ徒歩で逃げざるをえなかった。パキスタンへ逃れて難民となった人々もいる。その逃避行は，3月の第1次調査の際に難民キャンプで聞いたものと同じであった。

　大量の難民化は，故郷や家屋の喪失，空爆の被害・危険からの逃避であり，従って，家屋や田畑の放棄，食料入手の困難による飢餓，寒さによる困難，子どもの教育機会の喪失，逃避行における危険（谷に落ちてなくなった人々もいる）など深刻な被害をもたらしている。難民となった人々は確実に命を切り刻んでいる。死亡した人々だけが戦争犠牲者ではない。生き延びて，夏には無事に故郷に帰れたとしても，すべて戦争犠牲者なのである。女性と子どもの被害は甚大と考えるべきである。

カブール市内

まとめ

アフガニスタン国際戦犯民衆法廷を開こう

　私たちは2002年2月に「アフガニスタンにおけるブッシュの戦争犯罪を裁く民衆法廷」の呼びかけを始めました。そして，3月にはパキスタンのアフガン難民キャンプで難民取材をして，アフガニスタンにおける戦争被害調査を行いました。7月には第2次調査，9月には第3次調査を行いました。2次と3次の調査報告は本書に収録しています。

　これらの調査を通じて，私たちはアフガニスタンにおいてアメリカが戦争犯罪を犯した事実にますます確信を持ちました。そこで2002年10月，「アフガニスタン国際戦犯民衆法廷実行委員会」を立ち上げて，広く本格的に呼びかけることにしました。

1　国際法廷──国際刑事裁判所について

　最初に，国際刑事裁判所について説明しましょう。
　国際刑事裁判所は，私たちが準備している民衆法廷ではなくて，国連のレベルで行われる実際に権力をもった法廷です。それがどのようなものであるのかを少し知っていたほうが，民衆法廷の意味がわかりやすいからです。

1　国際刑事裁判所がいよいよ発足

　2002年7月1日，国際刑事裁判所（ICC, International Criminal Court）がいよいよできることが決まりました。
　この法廷も長い歴史をふまえてようやくここまでたどり着いたもので，国際社会は戦争犯罪に向き合うのに，ニュルンベルク裁判と東京裁判から数えて半世紀かかったわけです。ニュルンベルク裁判ではナチスの責任者を裁きました。東京裁判では日本軍国主義の責任者を裁きました。そして，国連はニュルンベルク原則を決議しています。これが国連の基本原則なんだという

女性国際戦犯法廷（2000年12月8日）

ことを，第1回の国連総会の時に決議をしています。ところがそれが守られませんでした。

　国際法の本に「ニュルンベルクの遺産」という言葉が書かれています。「ニュルンベルクでせっかくたどり着いたのに，国際社会はその遺産をきちんと受け継いでこなかった」という言い方です。受け継ぐのに半世紀かかったのです。1990年代に，旧ユーゴスラヴィアの「民族浄化」などの戦争犯罪を裁くために旧ユーゴ国際刑事法廷が設置されました。ミロシェヴィッチ裁判が報道されている通りです。あるいは1994年のツチ虐殺を裁くためにルワンダ国際刑事法廷ができました。カンボジアにおけるポル・ポト派を裁くための法廷をつくるとか，シエラレオネの内戦について法廷をつくるという話も進んでいます。東ティモールにおける虐殺についても法廷が設置されています。

　今度つくられる国際刑事裁判所は，これらとは違って，地球全体をカバーするものです。特定の地域だけではなく，地球上どこで行われた国際的重大犯罪もこの裁判所で裁こうという考えです。そのための国際刑事裁判所規程が1998年7月にローマの国際会議で採択されました。1998年という年はジェ

アフガニスタン国際戦犯民衆法廷を開こう

ノサイド条約が採択されてからちょうど50年目です。1946—47年にニュルンベルク裁判が行われ，1948年にジェノサイド条約を採択し，1949年にジュネーヴ条約をつくりました。ここまではニュルンベルクの遺産を引き継ごうとしていたのです。ただ，米ソの冷戦の中でそれができなくなって，国際社会はニュルンベルクの遺産を受け継ぐことができませんでした。それを50年かかってようやく元に戻って第一歩を踏み出そうとした，それがこの国際刑事裁判所です。

ただ，アメリカは米軍人が裁かれることに反対して様々な妨害をしていますが，ともかくヨーロッパ，アフリカ諸国を中心にこれをつくるということにしました。

2 国際刑事裁判所は何をどう裁くのか

国際刑事裁判所が何をどう裁くのかが「ICCの管轄権」です。わかりにくい言葉ですが，管轄権というのは，裁判所が何を扱うのかという意味です。この裁判所はこうした権限を持っています，ということです。第1に事物管轄です。つまり，どんな事件を取り扱うのか。第2に時に関する管轄権。いつ起きた事件を取り扱うのか。第3に裁判権行使の前提。裁判をするためにはこういう条件が必要だということがあります。

時に関する管轄権については，遡及適用禁止といって，溯って処罰することがないという条件がついています。つまり，この規程が発効した後の事件だけを取り上げることになっています。発効したのは2002年7月1日です。ですからこの裁判所が取り扱う事件は，2002年7月1日以後に起きた事件です。それ以前のものは取り扱わないのです。

一方で時効がありません。戦争犯罪には時効がないので，重大な戦争犯罪が起きれば，どれだけ時間が経過しても裁判をするということです。現に戦争犯罪時効不適用条約がつくられていて，ナチスの犯罪を裁くことは今でも行われています。

それでは，どういう犯罪を取り上げるのか。

第1に，侵略の罪です。ただし，侵略の罪については明確な定義がないので，今のところ実際には適用できません。定義をつくることがこれからの課題です。

第2に，ジェノサイドの罪です。ジェノサイドは，日本では「集団虐殺」とか「集団殺害」という訳語が使われています。ただ，これは正確な訳語ではありません。集団を殺さなくても，集団殺害が行われているような中で，一人の人を殺せばジェノサイドの罪を犯したことになります。一人殺してもジェノサイドの罪は成立することがありえます。

　第3に，人道に対する罪です。これは，一般住民に対する広範な攻撃または系統的な攻撃のさなかに，殺人とかせん滅とか奴隷化などの行為を行うことです。他にも拷問，強姦などさまざまな性暴力，あるいは迫害，アパルトヘイトなどがあり，こういうことを行えば訴追対象になります。

　第4に，狭い意味での戦争犯罪があります。侵略の罪やジェノサイドの罪や人道に対する罪以外に，さまざまな戦時における戦争犯罪，たとえば民間人に対する殺害とか，あるいは捕虜の虐殺，虐待，民間施設に対する攻撃，宗教施設や教育施設に対する攻撃，そういうものが戦争犯罪であるという規定がたくさんあります。特にジュネーヴ条約が重要ですが，国際刑事裁判所規程の中にも詳細に書かれています。ですから，私たちが考えている民衆法廷も，この国際刑事裁判所規程や旧ユーゴ法廷規程をモデルにして，こういう犯罪を取り上げようということで考えています。

　次に，国際刑事裁判所の構成ですが，裁判官は18名とされ，選挙で選ばれます。検察官も法律家その他専門家から選挙で選ばれることになっています。選挙はこの国際刑事裁判所規程を批准した締約国（現在89ケ国ありますが），その国々の選挙によって選ばれます。日本は批准していませんので，日本からは選ばれません。ただヨーロッパ，アフリカだけというわけにはいきませんから，アジアからも何とか裁判官を入れたいという話をしているところです。韓国は批准しています。弁護士については，このことに関心を持っている弁護士グループが，国際弁護士会を作って弁護士を派遣することにするという準備を始めています。

　次に，捜査・訴追・公判です。裁判の基本的な要件として，犯罪が行われたという可能性があれば，検察官が捜査を執り行います。証拠収集を行い，必要があれば強制捜査を行います。その上で一定の証拠があると考えれば，ある人を被告人として起訴することになります。国際刑事裁判所の場合は，起訴の仕方も明確に書いてあります。私たちの法廷では違うやり方になるの

で，ここのところは必ずしも参考にはならないかもしれませんが，これまでの民衆法廷ではそうした規則を明確に定めていませんので，むしろ私たちなりの観点から刑事訴訟法の規定をつくりたいと考えています。

それから，ジェンダー・ジャスティスのことについて触れておきます。ニュルンベルク裁判でも東京裁判でも，検察官も裁判官も弁護士もすべて男性でした。旧ユーゴ法廷とルワンダ法廷については女性の裁判官や検察官が活躍しています。とくに検察官の筆頭はカーラ・デル・ポンテというスイスの女性が中心になっています。旧ユーゴ法廷の以前の所長はマクドナルドという女性でした。この国際刑事裁判所の法廷もジェンダー・ジャスティスを掲げています。裁判官には女性を入れるとか，あるいは被害者である女性を保護する，あるいは証人である女性を保護する，性暴力の犯罪については被害者やその家族のトラウマの問題もきちんと扱いましょう，被害者や証人の安全とか心身の健康，尊厳，プライバシーを守りましょうという規定が入っています。これは従来の法廷にはなかった重要なポイントだと思います。

おおよそ以上が，国際法廷というもののイメージです。今後行われていく国際法廷はこのようなものとなります。

私たちが準備する法廷は，この国際法廷を少し参考にしながら，同時にラッセル法廷その他の従来の民衆法廷も参考にしながら進めていきたいと考えています。

2　民衆法廷をどのように進めるか

1　民衆法廷の意味――市民の側から国家に平和のあり方を示してゆく

それでは民衆法廷をどういうふうに構成して，どういうスケジュールでやっていきたいのか，という提案です。

湾岸戦争における戦費調達に反対した市民平和訴訟の時に掲げたスローガンは「殺さない権利」でした。

それまで日本の平和運動は「殺されないこと」をイメージしていましたが，いまや世界の中で日本というのは「殺す側・殴る側」に回っています。私たちはいやおうなしにそういう位置にいます。とすれば，日本政府に対して私たちは「市民の平和というのは殺さない権利である」と突き付けることになります。「市民の平和」と「国家の平和」は違うわけです。現実にはズレています。まったく違うのではないにしても，さまざまなずれ方があります。

その時にどうするのかというと，市民の側から民衆法廷を行うことで国家に対して「もうひとつの平和」のあり方を示していく，そういう歴史なのだろうと位置づけています。

アメリカもイスラエルもそうですが，世界各地の主権国家は，今日，みずからつくってきた国際法を無視して，戦争と暴力による支配を目指しています。国家が国際法を守らない時，国際機関が国際法を守らない時，NGOが監視し，批判の声を上げていくしかありません。市民による市民のための国際法を目指す必要があります。

2 先例に学びながら

これまでラッセル法廷，クラーク法廷，アジア民衆法廷，女性国際戦犯法廷，あるいはコリア戦犯法廷が実際に行われてきましたので，これらに学びながらやっていきます。特に湾岸戦争におけるクラーク法廷と女性国際戦犯法廷に学ぶところが大きいと思います。

もっともよく知られるラッセル法廷について見ると，この法廷は多面的・複合的な法廷でした。バートランド・ラッセルが法廷を準備し始めたのは1965年のことですが，66年6月の「アメリカの良心へのアピール」が法廷の計画を明示しています。ラッセルのメッセージを受けた南北ベトナムでは調査委員会の活動が本格化し，66年11月，ロンドンで国際法廷設立会議が開かれ，ラッセルを名誉裁判長，ジャン・ポール・サルトルを執行裁判長とし，ドイッチャー（ジャーナリスト・作家），ボーヴォワール（仏・女性哲学者），森川金寿（弁護士）ら20名による法廷が発足しました。第1回法廷は67年5月にストックホルムで開かれました。9日間にわたる被害報告や法律論の討議を受けて，判決はアメリカが国際法に違反してベトナムに対する侵略行為を犯し，純然たる民間施設，学校，ダム，病院などに爆撃を加える戦争犯罪を犯したことを満場一致で認めました。

しかし民衆法廷は拘束力がありませんので，アメリカの侵略行為は激化の一途をたどったのです。そこで第2回ラッセル法廷は，67年11月から12月にかけて，今度はコペンハーゲンで開かれました。この時には違法な兵器，捕虜・民間人の虐待，ジェノサイドの罪が取り上げられて，その法廷に元米兵の3人が証言台に立ちました。これは当時，国際的にもたいへん大きな影響

を与えました。

　日本政府の共犯性についての有罪判決も出ました。第1回の時はそこまで十分準備ができなくて出してなかったそうですが，第2回の時に，日本政府も共犯者である，これをぜひ入れてくれということで提起をして，そうなっていったわけです。

　さらに，67年8月，日本でも「東京法廷」が開かれました。その正式名称は「ベトナムにおけるアメリカの戦争犯罪と日本政府・財界の協力・加担を裁く東京法廷」です。その他いろんな集会も執り行われていますが，全体の総称を「ラッセル法廷」あるいは「ラッセル・アインシュタイン法廷」という呼び方をしています。大きなものとしては，これが最初の民衆法廷でした。その後の法廷は，この経験に学びながらやってきています。

3　具体的にどう進めるか

　私たちが進める法廷のイメージについては「アフガニスタン国際戦犯民衆法廷規程・草案」を作成しました（本書60頁以下）。この規程に基づいて準備していくことになりますが，ここではアウトラインを説明しておきます。

1　民衆法廷の根拠

　まず民衆法廷の根拠を明かにしておく必要があります。国家の裁判所が裁判をすることができるのは，刑法や刑事訴訟法や裁判所構成法という法律があって，それに基づいているわけです。

　日本国であれば，日本国民の主権があって，それに基づいて日本国憲法が作られて，その憲法のもとに法律があり，裁判について決められています。国民の主権の行使として裁判ができるわけです。そういう正当化の根拠が必要です。

　それをどこに求めるのか，ということです。この点では，私たちの民衆法廷では，それは人民の名において行う以外に手はありません。国家という組織，あるいは国際機関という組織による法廷ではないわけですから，人民の名においてやるしかない。したがって，その根拠というのは予め与えられてはいません。アフガニスタン国際戦犯民衆法廷規程第1条は，この法廷が裁判を行うことを宣言しています。「国際法廷の権限」を私たちみずから創設したという宣言です。

また，私たちはアフガニスタンの被害者を勝手に代弁したり，代行してやることはできません。そんな勝手なことはできないわけです。彼らを代弁，代行するわけではありません。私たち自身の責任において私たち自身の任務としてこの法廷をやっていくことになります。外に正当化の根拠を求めることはできません。具体的にここに見えるこれが根拠だということはないわけです。この法廷に関わるすべての人々の意識の中に，その法廷の主体としての意識を持っていただくということしかありません。

　それは，アフガニスタンに対する米英軍の空爆に日本政府がどのように関わったかということから自ずと意識に浮上することだと思います。

　日本政府は，アフガン空爆のために「空中給油」を行いました。日本が提供した燃料は，アフガン空爆の40％とも報道されています。私たちの税金で，アフガンに空爆がなされ，人々が死んでいったのです。自衛隊の参戦を阻止することができなかった私たち日本社会の構成員の責任として，民衆法廷に取組むことが必要ではないでしょうか。

2　訴追の形式

　訴追をどういう形式でやるのかについて，ここでは3つのモデルで考えてみます。

　ラッセル法廷は「訴訟モデル」を採用しています。湾岸戦争のクラーク法廷は，これは一言でいえば「シンポジウムモデル」を採用しています。アジア民衆法廷は長期間にわたる市民運動，戦後補償運動という形で「運動モデル」で進められました。

　訴訟モデル，シンポジウムモデル，運動モデル――どの裁判もこの3つの要素を持っていますが，ラッセル法廷は特に訴訟モデルという性格が強いだろう思います。アジア民衆法廷もこの3つの局面を持っていますが，特に運動モデルとしての性格が強いと思います。

　私たちの法廷もこの3つを念頭に置きつつ，特に運動モデルでやっていきたいと考えています。

　ラッセル法廷というのは，これは私たちの法廷とはある意味で違うんですけれども，当時の超有名な国際的知識人たちが提唱して，知識人たちが集まって，全部やった法廷なんです。そういう法廷ももちろん重要だし，歴史的に意義があるし大切なのですが，私たちが考えているのは，知識人や法律家

アフガニスタン国際戦犯民衆法廷を開こう

が先頭に立ってそれで全部やってしまうような法廷ではありません。

　むしろ一般の民衆が自分たちで作り上げていく，そういう運動としてやりたいのです。もちろんラッセル法廷に大きく学びますが，そこのところは少し違います。その意味ではアジア民衆法廷のやり方が参考になると思います。アジア民衆法廷は運動モデルとはいえ，きちんと判決まで出しました。判決文もみんなで文章を書いて作って発表しています。

　アフガニスタン国際戦犯民衆法廷規程第18条は，NGO（非政府組織）が法廷に協力することを明示しています。また，同20条は経費をNGOが負担するとしています。

3　訴追の対象

　誰を，何を訴えるのかということです。

　ラッセル法廷は，アメリカ政府や日本政府を訴えました。それに対して，たとえば女性国際戦犯法廷は，裕仁（昭和天皇）とか東条英機とか，具体的な名前の被告人（ただし，すでに死んだ人間）をあげていました。アジア民衆法廷は，日本軍，日本政府の責任追及というやり方をしました。クラーク法廷も，アメリカ政府をあげてましたが，同時にジョージ・ブッシュ（父親）を被告人としました。

　やり方はいろいろありえますが，ただ先ほどの国際刑事裁判所規程にあるように，刑事裁判，刑事責任を追及するということであればやはり基本は個人です。ですから私たちの法廷でもまず第1には，ジョージ・ブッシュという一人の具体的な人格存在を対象に訴追します（アフガニスタン国際戦犯民衆法廷規程第5条）。起訴状・草案はすでに発表してあります（『ブッシュの戦争犯罪を裁く』41頁以下）。

　法廷の事物管轄は，侵略の罪，戦争犯罪，人道に対する罪です（アフガニスタン国際戦犯民衆法廷規程第2条，3条，4条）。

　国際刑事裁判所規程では，侵略の罪の定義がないため，実際には適用できません。しかし，私たちは，私たちなりに侵略の定義を明確にして，侵略の罪を適用します。ニュルンベルク・東京裁判における平和に対する罪の発展を目指します。

　戦争犯罪や人道に対する罪については，ニュルンベルク・東京裁判，ジュネーヴ条約，旧ユーゴ法廷・ルワンダ法廷，国際刑事裁判所規程に学びなが

ら，国際刑法の解釈を展開します。最後の判決において議論するのでは遅すぎます。アフガニスタンにおけるアメリカの行為が戦争犯罪であったことを，民衆の法廷運動が明らかにしていくのですから，最後の判決に示すのでは足りません。公聴会を進めていく中で，戦争犯罪とは何か，人道に対する罪とは何かを明示し，論議していく必要があります。そこで「アフガニスタン国際戦犯民衆法廷規程第2条，3条，4条の犯罪の成立要件」を文書で明示する作業も行います。

4 裁判所の構成

次に，裁判所の構成，誰がどうやるのかという問題です。裁判をやるからには，検察官と裁判官と弁護人が必要になってきます（アフガニスタン国際戦犯民衆法廷規程第8条）。また，国際刑事裁判所などにはありませんけれども，アメリカの国内法廷であれば，陪審員という制度が別途あります。

上に知識人主導の法廷ではないと示しましたが，もちろん知識人の協力は不可欠です。ジャーナリストや法律家の協力を求めます。裁判官についても全く同じです。判決の場合には，現在の国際法の水準に従って，一定の理論的水準のある判決を書かなければいけませんから，その意味については特に法律家の協力を求めなければいけません（アフガニスタン国際戦犯民衆法廷規程第10条）。

ただ，事実，証拠，これを提出するということは，何も法律家でなくても，ジャーナリストやNGOや私たちの調査でできるわけですから，みんなで作り上げていけばいいのです。やりたい人間が率先して責任をもってやっていく，ということでいいのです（アフガニスタン国際戦犯民衆法廷規程第18条）。その意味では検察官（の補助）に資格はいらないことになります。

5 公判

次に公判です。公判は2003年12月に東京で開催します。

私たちは連続公聴会方式を採用しました。これは湾岸戦争に際してのクラーク法廷が全米各地で公聴会を開催したことに学んでいます。日本各地で公聴会を開催していきます。アジアやアメリカでも開催したいと考えています（「公聴会開催ガイドライン」本書57頁参照）。

公聴会の記録を法廷の証拠として積み上げていきますので，いわば公判準備にすでに入っているということになります。当初は「同時多発法廷」とい

った呼び方をしていました。実際には同時多発法廷ではありませんが，連続公聴会という形で運動を広げていきます。

6　証拠

次に証拠です。これは連続公聴会で積み上げていくわけです。

私たち自身が戦争被害調査団を派遣して，アフガニスタンの戦争被害の一端を明らかにしてきました。

それだけではなくて，メディアが報じたものがあるわけですし，NGOも多数の情報を持っています。その資料を整理するとか，いろんな作業ができます。たとえば旧ユーゴスラヴィアのミロシェビッチに対する起訴状は，起訴状本文のうしろに「この村ではこの人たちがなくなった」という死亡者の全リスト，何月何日誰がどこで死んだか，年齢は何歳というリストがついています。本当はそれができればいいのですが，それはいまのところほとんどできない。もちろんこれからも調査しますけれども，いつ何がどこであったのかは，報道されたもの，NGOが持ってる情報，ジャーナリストが報道はしてなくても様々報告している情報，政府の情報，それから国連の情報，そういうものをかき集めてくるということになります。

アメリカではマーク・ヘロルド教授が被害者の推定数を3700とか4000とかという数字を出してますが，あれも報道されたものをもとにやっています。ヘロルド教授は現地に行ったわけではなくて，報道をもとにやった調査ですけれども，そういうものも積み重ねていって，ありとあらゆる証拠を積み重ねるということになります。その中には，もちろん人，物，書類があります。

私たちが作る文書も，順次積み重ねていく書証ということになると思います。

人証については，取材した難民やアフガンの人たちのインタビューの記録ということになります。被害者やその遺族を日本にお招きして証人になってもらうのはどうか，というのも出ています。それが可能であればやります。証人となった人の地位や安全を保護することができなければ難しいのですが，やはり追求するべきです（アフガニスタン国際戦犯民衆法廷規程第15条）。

その辺も含めて物証，書証，人証を積み重ねていくということになります。

7　判決

判決は，通常の裁判でもそうですが，事実認定と法律論の二本柱からなり

ます（アフガニスタン国際戦犯民衆法廷規程第16条）。事実認定は証拠方法で出されたその証拠を確認して文章で整理します。それをふまえた法律論，この部分は法律家がやることになります。国際的には国際刑法，アメリカとかオランダやスイスの法律家に専門家が多いんですが，日本では残念ながらこの戦争犯罪論の専門家というのは非常に数が少ない。というのは，日本では戦争犯罪論の研究というのは非常に手薄だからです。

なぜこうなったかというと，戦争犯罪論の研究をする必要がなかったからです。つまり，日本の刑法学者がそういうことを意識する必要がなかった。東京裁判では被告人として裁かれる側にいて，終わってもう後は何もしてこなかったわけです。日本人が日本人の戦争犯罪を追及するということをやって来なかったわけですから，日本では戦争犯罪論の研究というのはなかったわけです。

もう1つには，日本国憲法では日本には軍隊がないことになっていて，戦争を放棄しているわけです。実際には自衛隊という名の日本軍があるわけですが，建前上はないことになっています。戦争しない，軍隊がない，そういう国では戦争犯罪論の研究をする必要がないことになります。これはある意味ではいいことなのですが，他方では，戦争や戦争犯罪についての具体的なイメージがないのです。これが今の日本社会のネックになっています。若者が戦争についてのイメージを持ってない，戦争犯罪についてのイメージを持ってない。だからマンガで「戦争になれば何をやってもいいんだ。しょうがないんだ」と描けば，みんながそれに乗せられるということになっていきます。戦争のルールを，一般の日本人が知らないからです。国際人道法，国際人権法のルールをきちんとしておかなければいけません。

戦後補償訴訟をやっている弁護士たちも，この間，ハーグ条約関連について勉強してきました。ジュネーヴ条約については，まだ勉強する弁護士さんが少ないので数が足りませんけれども，国際刑事裁判所の勉強を始めた人たちがいますので，そういうところに声をかけながらやっていければいいと思います。

判決では被告人の有罪・無罪を判断しますが，民衆法廷としてはそれだけでは足りません。民衆法廷は，国家が国際法を守らず，国際機関も国際法を守らないために，民衆がNGOとして監視する意味があります。従って，判

決に加えて，国家や国際機関に，本来なすべき努力をさせる運動を展開する必要があります。その意味で法廷は「勧告」を出すことにしています（アフガニスタン国際戦犯民衆法廷規程第17条）。

アフガニスタン国際戦犯民衆法廷公聴会開催ガイドライン

1 公聴会の位置づけ

　アフガニスタン国際戦犯民衆法廷を2003年12月に開催するために，必要な情報を収集し，整理しなければならない。検察官は，起訴状に記載された犯罪事実を裏付ける証拠を法廷に提出しなければならない。その証拠を収集するのは，法廷実行委員会の仕事である。戦争犯罪調査団，調査委員会が，各地の「公聴会委員会」と協力して，重要な証拠を順次積み上げていき，これらを文書化し，整理して，保存する。公聴会は，報告会，講演会，シンポジウムなどの様々のスタイルで開催できるが，あくまでも戦争犯罪の証拠収集・整理・記録のために行うものである。

2 公聴会で取り上げるべきテーマ例

　a アメリカの外交・軍事戦略
　b アメリカの軍事行動と組織
　c アメリカの開戦正当化理由の検証
　d アフガニスタン現代史
　e 戦争被害——爆撃
　f 戦争被害——難民・飢餓
　g 戦争被害——捕虜
　h 自衛隊の戦争協力の実態
　i 侵略の罪とは何か
　j 人道に対する罪
　k 戦争犯罪とは何か
　l 米軍基地と性暴力
　m 在日アフガン難民の状況

3 公聴会の開催方法

- 上記テーマに関連した報告を柱にする。できれば，現地報告（ジャーナリスト，NGO）と講演の2本だてで進める。
- 法廷実行委員会は，それぞれのテーマに関する報告者・講師候補をリストアップする。
- 各地の公聴会委員会は，それぞれの地域で協力してくれる人材を探す一方，実行委員会の協力を得て，報告者・講師を選定する。
- 公聴会の会計はそれぞれの公聴会委員会の独立会計とする。ただし，必要に応じて協議し，法廷実行委員会が協力する。
- 連続公聴会として，法廷実行委員会が全国レベルで宣伝活動。各地の公聴会委員会はそれぞれ宣伝活動。

4 証拠化（公聴会記録集）

- 公聴会の報告・講演を録音し，テープ起こしをして，文書化する（各地の公聴会委員会が文書化）。
- 報告・講演や当日の配付資料などを一括して1冊の記録集（資料集）を作成する。各地の公聴会委員会から提供を受けて，法廷実行委員会が記録集を作成・出版する。
- 記録集は，それ自体が法廷の証拠である。
- 法廷に提出する証拠は，すべて連番を付して整理する。
- アフガニスタン戦争被害調査団（第1次）報告書（勝井写真を含む）が「証拠第1号」。春に作成したビデオが「証拠第2号」。ヘロルド報告書も証拠に加えていく。
- 記録集は次の公聴会や各種の報告会で販売する。記録集の名称を考える。湾岸戦争市民平和訴訟の会の記録集は「未来へ！」。パシュトゥン語からとるか。
- 記録集は「証拠」となるので，主要部分を英訳する必要がある。法廷実行委員会の責任で翻訳する。
- 2003年12月の法廷には，それぞれの記録集を和文・英文の両方で提出する。

5 公聴会のスケジュール

- 基本的には2002年12月から2003年11月まで毎月1回，全国各地で順次開

催する。条件がそろえば1にこだわらない。

2002年12月15日　第1回（東京・新宿あいおい損保ホール）
2003年1月19日　第2回（大阪・中央公会堂）
2003年1月20日　第3回（渋谷・伊藤塾）
2003年3月　　　第4回
2003年4月　　　第5回（京都）
2003年5月　　　第6回（千葉）
2003年6月　　　第7回（神奈川）

・海外での公聴会を目指す。できれば，ソウル，マニラ，バークレー，ニューヨーク。
・アフガニスタンやイラクというわけにいかないとしても，イスラム圏でできないか。

アフガニスタン国際戦犯民衆法廷規程
The Statute of the International Criminal Tribunal for Afgahanistan

2002年10月 5 日起草

第1条 国際法廷の権限
　国際法廷は，本規程の定めるところに従い，2001年10月 1 日以後にアフガニスタン領域内において国際人道法の重大な違反を犯した個人を訴追する権限を持つ。

第2条 侵略の罪
　国際法廷は，侵略の罪を行ったり，人に命じて行わせた者を訴追する権限を持つ。

第3条 戦争犯罪
　国際法廷は，1949年 8 月12日のジュネーヴ諸条約の重大な違反を犯した，または人に命じて行わせた個人を訴追する権限を持つ。すなわち，ジュネーヴ諸条約の条項が保護している人または財産に対する以下の行為である。
　a ）故意による殺人
　b ）生物学的実験を含む拷問または非人道的な取扱い
　c ）身体または健康に故意によって深刻な苦痛を引き起こし，または重大な傷害を与えること
　d ）軍事的必要性によっては正当化されず，かつ，不法に恣意的に実行された財産の大規模な破壊および徴発
　e ）戦争捕虜または民間人を敵対国の軍隊において使役すること
　f ）戦争捕虜または民間人が公正かつ正規の裁判を受ける権利の恣意的な

剥奪
　g）不法な強制移住または移送，および民間人の不法な監禁
　h）民間人を人質に取ること
　　2.国際法廷は，戦争犯罪の定義を明確にするために，1977年6月8日のジュネーヴ諸条約第一追加議定書を参照することができる。

第4条 人道に対する罪

　国際法廷は，紛争の性質が国際的であるか国内的であるかに関わらず，武力紛争において民間人に対して広範な攻撃または系統的な攻撃の一環として行われた以下のような犯罪に関して責任を負う個人を訴追する権限を持つ。
　a）殺人
　b）せん滅
　c）奴隷化
　d）強制移送
　e）拘禁
　f）拷問
　g）レイプ
　h）政治的，民族的，宗教的理由に基づいた迫害
　i）その他の非人道的な行為

第5条 個人に対する裁判権

　国際法廷は，本規程の規定に従って，自然人に対して裁判権を持つ。

第6条 個人の刑事責任

　1.本規程第2条および第3条に記される犯罪の計画，準備または実行において計画，煽動，命令，実施，または幇助・教唆した個人は，犯罪に対して個人として責任を負う。
　2.被告人の公的立場に関わらず——たとえ国家や政府の元首や政府高官であったとしても——その被告人の犯罪責任と刑罰は軽減されることはない。
　3.本規程第2条および第3条に記された犯罪行為が被告人の部下によって犯されたとしても，被告人が自分の部下がそのような行為を犯すことまたは

犯したことを知っていた，または知るべきであった場合，また被告人がそのような行為を避けるための必要かつ十分な措置を取る，ないしはその行為を犯した個人を罰することを怠った場合は，被告人の刑事責任は軽減されない。

4.被告人が政府または上官の命令にしたがって罪を犯した場合は，被告人の刑事責任は軽減されないが，国際法廷が必要とみなした場合は刑罰の軽減を考慮することができる。

第7条 領域的裁判権および時間的裁判権

国際法廷の領域的裁判権は，地上領域，航空領域および水域を含むアフガニスタン領土に及ぶ。当国際法廷の時間的裁判権は2001年10月1日以降の時期に及ぶ。

第8条 国際法廷の構成

国際法廷は，以下の組織によって構成される。
a）裁判官，
b）検察官，
c）事務局——裁判部と検察官の事務を掌る。

第9条 裁判部の構成

1.裁判部は，3名の独立した裁判官から構成される。
2.裁判部は，陪審員を指名することができる。

第10条 裁判官の適性

裁判官は，高い倫理観，公正さと誠実さを有し，各自の国において最高の法的役職に就任するだけの適性を有している者とする。裁判部は刑法と国際人道法や人権法を含む国際法の分野における経験を有する裁判官から構成される。

第11条 手続き証拠規則

国際法廷の裁判官は，予審手続き，公判，証拠の許容性，被害者および証人の保護その他の然るべき事項について手続き証拠規則を採択する。

ブッシュの戦争犯罪を裁く part 2

第12条　検察官

1. 検察官は，2001年10月1日以降にアフガニスタン領域内で起こされた国際人道法の重大な違反に関して責任を持つ個人を捜査し訴追する責任を持つ。

2. 検察官は高い倫理観をもち，刑事事件の捜査と訴追の処理に優れた能力と経験をもたなければならない。

3. 検察官は，国際法廷において独立した機関として職務を果たす。彼または彼女はいかなる政府やその他のアクターに指示を仰いだり，またはそれらから指示を受けてはならない。

4. 検察部は，検察官および必要とされる適性を有するその他の職員によって構成される。

第13条　事務局

1. 事務局は，国際法廷の運営および事務処理に関し責任を持つ。

2. 事務局は，事務局長および必要とされる適性を有するその他の職員によって構成される。

第14条　捜査および起訴準備

1. 検察官は，職権上の捜査またはあらゆる情報源——特に政府，国連諸機関，国際機関および非政府組織（NGO）——から得られた情報に基づいた取り調べを進める。検察官は受け取った情報，あるいは入手した情報を吟味し，訴訟を起こすための十分な証拠となるかを決定する。

2. 検察官は，証拠を収集し現場検証を行うために，被疑者，被害者及び証人に尋問する権限を有するものとする。

3. 一応十分な証拠ありと判断する場合，本規程に基づいて検察官は，被告人を訴追する事実関係および犯罪に関する簡明な陳述を含む起訴状を作成する。

第15条　被害者及び証人の保護

国際法廷は，手続き証拠規則の中で被告人と証人の保護を提供する。保護措置は非公開審理や被害者の身元に関する保護を含むが，それらに限定され

ない。

第16条　判決
1. 裁判部は，国際人道法の重大な違反を犯した個人に関する判決を言い渡すものとする。
2. 判決は裁判部の合意によって決定されるものであり，公開廷で裁判長によって言い渡される。

第17条　勧告
裁判部は，国際人道法の重大な違反を犯した者，関連する政府および国際社会に勧告を行う。

第18条　協力および司法協力
1. 非政府組織は，国際人道法の重大な違反を問われている個人の捜査と訴追に関して当国際法廷に協力する。
2. 以下の事項を含むがそれに限定されない事項に関して，非政府組織は裁判部による協力要請または命令に対し遅滞なく従う。
　　a）関係者の身元と居場所，
　　b）証言をし，証拠を提供すること，
　　c）文書の提供。

第19条　国際法廷の所在地
国際法廷の所在地は，東京とする。

第20条　国際法廷の経費
国際法廷の経費は，非政府組織が負担するものとする。

第21条　使用言語
国際法廷における使用言語は，日本語および英語とする。

民衆の力で新たな歴史を創ろう！
「アフガニスタン国際戦犯民衆法廷」
(2003年12月13日〜14日)開催

アフガニスタン国際戦犯民衆法廷実行委員会

ぜひ呼びかけ人・賛同人・賛同団体になってください

　2001年9月11日を契機に、世界は大きく変貌しました。その前年、日本から発信した「国際女性戦犯法廷」は、国際社会の注目を集め、多くの国際人・文化人の協力を得て、「戦争と暴力」に終始した20世紀の総括という偉業にむすびつきました。

　しかし、そうした努力も空しく、世界の平和が命題だったはずの21世紀は、ニューヨークの自爆テロを機に、ブッシュ政権の正義なき無頼戦争へと突入します。アフガニスタンの罪もない民衆が強力な破壊力を持つ新兵器により、尊い命を奪われました。生活環境のすべてを破壊され、多くの難民も生み出しました。こんなことが許されてもよいのでしょうか。

　私たちは前田朗氏（東京造形大学教授・刑事法）の提案で、2003年12月、ブッシュ政権の戦争犯罪を裁く「アフガニスタン国際戦犯民衆法廷」の開催を決意しました。これまで3回にわたる現地調査を行い、証言を集め、このようなテロ対策と称する行為は国際人道法および、国連憲章に照らしても、まぎれもない戦争犯罪に該当するとの確証を得ました。

　世界の超大国アメリカのブッシュ大統領を相手取り、戦争犯罪を裁くということがどういうことか、どんなに困難なことなのか、私たちは十分認識しています。しかし、その背中を押すのは、このようなアメリカの一国主義・覇権主義を黙認してはいけないという、私たち社会的弱者の正義感です。

アメリカの二つの団体・IAC（国際行動センター・国際反戦運動団体・米元司法長官ラムゼイ・クラーク氏創設）および，グローバル・エクスチェンジ（戦争と環境破壊に反対するNGO）の協力も得ることができました。IACのラムゼイ・クラーク氏は特別顧問に，サラ・フランダース氏は共同代表に，日本側からは前田朗氏も共同代表に着任されました。アメリカの政策路線にあるイラク攻撃も含め，この地球上からすべての「戦争と暴力」を封鎖するため，私たちは力を合わせて立ち上がらなければなりません。本運動に関し，下記の方々のご賛同を頂きました。皆様方もどうぞ私どもの運動の趣旨をご理解いただき，賛同人および，賛同団体への協力を賜りますよう，お願い申上げます。なお引き続き呼びかけ人は募集中です。どうぞご協力ください。（名簿記載は呼びかけ人のみとさせて頂きます）

《呼びかけ人・50音順》（2002年12月6日現在）

青島正晴（有事法制に反対する神奈川市民キャラバン），青山万里子（有事法制に反対する神奈川市民キャラバン），赤池一将（高岡法科大学教授），飛鳥井佳子（向日市議会議員），足立昌勝（関東学院大学教授），安孫子誠人（『マスコミ市民』編集長），阿部知子（社民党・衆議院議員），荒木重雄（桜美林大学），安藤泰子（茨城大学講師），李熙子（韓国太平洋戦争犠牲者補償推進協議会理事），五十嵐二葉（弁護士），石川求（東京都立大学助教授），石塚伸一（龍谷大学教授），石原昌家（沖縄国際大学教授），石山久男（歴史教育者協議会事務局長），一之瀬百樹（闘う闘争団支援ネットワーク神奈川），伊藤瀧子（No！有事立法23区ネット代表），伊藤成彦（中央大学名誉教授），稲垣敏彦（民主主義的社会主義運動），乾勝彦（平和と民主主義をめざす全国交歓会），井上美代（共産党・参議院議員），岩橋百合（千葉県議会議員），植田至紀（社民党・衆議院議員），鵜飼哲（一橋大学教授），内田雅敏（弁護士），内海愛子（恵泉女学園大学教授），海勢頭豊（音楽家），遠藤恭（有事法制に反対する神奈川市民キャラバン），大出彰（民主党・衆議院議員），大越愛子（近畿大学教授），大塩清之助（日本基督教団牧師），大須賀信一（装飾業），岡まち子（前埼玉県議会議員），岡本三夫（広島修道大学教授），小沢隆一（静岡大学教授），海渡雄一（弁護士），垣内由香（月桃の花歌舞団），笠原祥子（有事法制に反対する神奈川市民キャラバン），神谷宗孝（平和と民主主義をめざす全国交歓会），亀倉順子（国分寺市議会議員），河辺邦夫（平和と民主主義をめざす

全国交歓会)、岸本絋男 (労働者生産協同組合代表者・パラマウント・ワーカーズ・コープ)、木村公一 (牧師・アブデイエル神学大学客員教員)、木村昭子 (フェミニスト議員連盟会員)、木村修 (有)、マブイ・シネコープ)、木村民子 (文京区議会議員)、桐生隆文 (闘う闘争団支援関西連絡会)、金城睦 (弁護士)、草柳和之 (東京大学カウンセラー)、葛野尋之 (立命館大学教授)、楠山忠之 (ヴィジュアル・ジャーナリスト)、國本淳子 (会社員)、高和政 (中大付属高校)、呉東正彦 (弁護士)、渾大防一枝 (演出家)、神志那嘉昭 (平和と生活をむすぶ会)、古武家育子 (フィリピンAKAYプロジェクトをともに作る会)、近藤伸一 (なかまユニオン)、斎藤淳 (コトパンジャンダム被害者住民を支援する会)、早乙女勝元 (作家・東京大空襲・戦災資料センター館長)、坂本高太郎 (多摩大目黒中・高教諭)、佐々木靖子 佐藤和利 (GUNGUN裁判を支援する会)、左党週一 (広島瀬戸内新聞主筆)、猿田佐世 (弁護士)、沢田亜矢子 (女優)、信太正道 (厭戦庶民の会)、島六三 (荒川区平和都市宣言を遵守し平和な荒川区をつくる会)、志水紀代子 (追手門学院大学教授)、清水竹人 (桜美林大学)、新谷のり子 (歌手)、菅沼櫻子 (東京国際大学講師)、杉谷伸夫 (京都から平和を！自治体決議をすすめる市民連絡会)、杉山隆保 (平和に生きる権利の確立をめざす懇談会会員)、鈴木誠也 (フェアトレードショップ・サマサマ代表)、鈴木誠 (月桃の花歌舞団)、鈴木安三 (月桃の花歌舞団エイサー隊)、住田景子 (小平市議会議員)、徐勝 (立命館大学教授)、染井進吾 (めんそーれ荒川三線の会)、空野佳弘 (弁護士)、高岩仁 (映画監督)、高瀬幸子 (平和と民主主義をめざす全国交歓会)、高瀬晴久 (平和と民主主義をめざす全国交歓会)、高瀬久直 (予備校生)、高橋哲哉 (東京大学助教授)、高橋秀典 (神戸ラブ＆ピース)、高畑宅二 (平和都市をつくる会ふじさわ)、竹内仁 (大田ピースフォーラム・代表)、武田隆雄 (日本山妙法寺僧侶)、武村二三夫 (弁護士)、田島省三 (闘う国労闘争団)、俵義文 (子どもと教科書全国ネット21事務局長)、土橋昭夫 (大田ピースフォーラム)、土屋公献 (弁護士・元日弁連会長)、恒松郁生 (ロンドン漱石記念館館長)、寺尾光身 (名古屋工業大学元教授)、土井節子 (西東京市議会議員)、東門美津子 (社民党・衆議院議員)、戸田ひさよし (門真市議会議員)、戸田三三冬 (文教大学教授)、中島暁 (教員)、中西新太郎 (横浜市立大学)、中野敏男 (東京外国語大学)、名取美佐子 (日野市議会議員)、新倉修 (青山学院大学教授)、新村繁文 (青森大学教授)、西岡信之 (平和と民主主義をめざす全国交歓会事務局長)、西丸震哉 (食生態学研究所長)、西森茂夫 (平和資料館・草の家)、庭山英雄 (弁護

民衆の力で新たな歴史を創ろう！

士・日民協代表理事），のぐち英一郎（鹿児島市議会議員），野田弘（地方公務員），萩尾健太（弁護士），土生長穂（法政大学名誉教授），伴幸生（闘う闘争団に連帯する首都圏の会），日色ともゑ（劇団民芸・俳優），東澤靖（弁護士），福田ケング（タイ料理オーナー），藤尾彰（新潟大学名誉教授），藤田美智子古川雅基（在韓軍人軍属裁判を支援する会），古屋哲（大学教員），宝谷泰代（大田ピースフォーラム），細田はづき（弁護士），本田稔（大阪経済法科大学教授），増田博光（軍医学校跡地で発見された人骨問題を究明する会），松島洋介（ジュゴン保護キャンペーンセンター），松田まゆみ（桜美林大学教授），松本昌次（影書房），円より子（民主党・参議院議員），豆多敏紀（平和と生活をむすぶ会），丸山重威（関東学院大学），御園生光治（在韓軍人軍属裁判を支援する会），三ツ林安治（コトパンジャンダム被害者住民を支援する会），宮本弘典（関東学院大学教授），村井敏邦（龍谷大学教授），村井雅清（被災地NGO協働センター），村上徹（椿屋店主），安川寿之輔（名古屋大学名誉教授），矢野静明（画家），矢野秀喜（強制連行・企業責任追及裁判全国ネットワーク事務局長），山内恵子（社民党・衆議院議員），山上修（高校教師），Masako I. Yamada（通訳・バークリー在住），山中信吾（身障・年金生活者），山本直好（日本製鉄元徴用工裁判を支援する会），山本勇次（大阪国際大学副学長），湯浅和代（アタック関西グループ），横原由紀夫（広島県原水禁前事務局長），横山れい子（板橋区議会議員），吉川春子（共産党・参議院議員），吉田康彦（大阪経済法科大学），陸昭良（精神科医師・心理学博士（防災，）），若谷政樹（葛飾区役所職員），和田喜太郎（市民平和訴訟・関西事務局），

「アフガニスタン国際戦犯民衆法廷」賛同申込書

この法廷は皆様方の賛同金・カンパ・寄付により開催されます。この運動を成功に導くため，皆様方の絶大なるご協力・ご支援をお願い申上げます。

賛同項目（該当する欄にチェックをお入れください）
☐　呼びかけ人　　一口3000円（何口でも可）
☐　賛同人　　　　一口2000円（何口でも可）　☐　賛同団体　一口5000円（何口でも可）
カンパ　　　　　円　　寄付　　　　円　　　　　（カンパ・ご寄付も受け付けます）
郵便振替　口座番号　00120-4-574446　　口座名　アフガン戦犯法廷実行委員会

〈ご署名欄〉（該当する欄にご記入ください）お名前の公表　　可　　　不可
（個人申込署名欄）　　　（記載してほしいどちらかお書きください）
名前　　　　　　　　　所属・職業
〒　　　　　　　　　　　　　　　TEL
住所　　　　　　　　　　　　　　FAX
E-mail
（団体申込署名欄）
団体名
連絡先
代表者名
E-mail

〈主催団体〉　　　「アフガニスタン国際戦犯民衆法廷」実行委員会
東京事務局　〒162-0814　新宿区新小川町9-7A302
大阪事務局　〒536-0016　大阪市城東区蒲生2-10-34-201
http://afghan-tribunal.3005.net/
E-mail:haruhisa-takase@nifty.com高瀬晴久
呼びかけ担当：伊藤瀧子
　連絡先：TEL／FAX　03-3754-6378
　携帯 090-9159-3659
　E-mail:takiko@mx6.ttcn.ne.jp

民衆の力で新たな歴史を創ろう！

あとがき

　このあとがきを書いている2002年12月8日現在，アメリカのイラク攻撃は差し迫っているものの，まだ本格化してはいません（一部では威嚇のための爆撃が行われてきました）。世界の目はイラクへの査察に注がれています。
　国際社会が大国による恫喝や威嚇の場となり，グローバリゼーションによるいっそうの貧困化に晒されている多くの人民が，恐怖と欠乏のうちに暮らす時代——そんな時代を生きていかなくてはならない私たち。しかも，ほんの10数年前には想像もできなかった日本軍（自衛隊）の海外展開により，私たちはいやおうなくアジアの人民を「殴る側」に立たされています。
　徹底的に破壊され瓦礫と化したカブールの町，まさに半世紀前の東京の姿を思い出させる〈歴史の廃墟〉を歩きながら，私たちは時代の酷薄さを心底痛感しました。
　旱魃の続くアフガニスタンのどこまでも青い空から民間住宅地に降り注ぐ爆弾——ほんの僅かの想像力さえあれば，誰しも許すことができるはずのない犯罪を，記憶にとどめ，記録し，伝えていくこと。私たちの歩みはそこから始まります。2002年12月末から2003年1月にかけて第4次調査も予定しています。マスメディアはアフガニスタンを忘れ去ったかのようですが，私たちは決して忘れてはなりません。
　〈法廷〉運動は，日本の反戦平和運動の責任として取り組んでいます。
　今回の調査にあたっても「アフガニスタン難民を支える会（SORA）」のお世話になりました。督永忠子さん，大住恵子さん，シャフィークさん（Dr.Shafig Ahmad），ワヒードさん（Waheed Ahmad），カーンさん（Nowshad Khan），アティークさん（Atig Ullan），ありがとうございました。
　地図を作成してくれた東京造形大学の高橋いずみさん，原稿整理を手伝ってくれた都留文科大学の石川瑞樹さんと堂前陽子さんに感謝します。

2002年12月8日

アフガニスタン戦争被害調査団
前田　　朗（東京造形大学教授）
植松　良恵（ブッシュを裁く！民衆法廷キャンペーン・関西）
勝井　健二（統一の旗新聞社）
小林　　聡（京都聖ステパノ教会司祭）
杉谷　伸夫（ブッシュを裁く！民衆法廷キャンペーン・関西）
大黒　福世（平和と民主主義をめざす全国交歓会）
高瀬　晴久（平和と民主主義をめざす全国交歓会）
中西　綾子（有事法制に反対する神奈川市民キャラバン）
藤原奈央子（ブッシュを裁く！民衆法廷キャンペーン・関西）

アフガニスタン国際戦犯民衆法廷実行委員会編

東京事務局 〒162-0814 新宿区新小川町9-7A302
大阪事務局 〒536-0016 大阪市城東区蒲生2-10-34-201
http://afghan-tribunal.3005.net/
E-mail:haruhisa-takase@nifty.com 高瀬晴久

GENJINブックレット35
ブッシュの戦争犯罪を裁くPart2
アフガニスタン国際戦犯民衆法廷入門編
The Executive Committee of the International Criminal Tribunal for Afghanistan(ed)
War Crimes: Second Report on United States War Crimes Against Afghanistan

2003年1月19日 第1版第1刷

編 者●アフガニスタン国際戦犯民衆法廷実行委員会編
発行人●成澤壽信
発行所●株式会社現代人文社
　　　〒160-0016 東京都新宿区信濃町20 佐藤ビル201
　振替●00130-3-52366
　電話●03-5379-0307（代表）
　FAX●03-5379-5388
　E-Mail●daihyo@genjin.jp（代表）
　　　　hanbai@genjin.jp（販売）
　Web●http://www.genjin.jp
発売所●株式会社大学図書
印刷所●株式会社ミツワ
装　丁●清水良洋・西澤幸恵（Push-up）
写　真●表紙写真（演説するブッシュ大統領），共同通信社

検印省略　PRINTED IN JAPAN
ISBN4-87798-118-7 C0036
ⓒ2003　GENDAIJINBUN-SHA

本書の一部あるいは全部を無断で複写・転載・転訳載などをすること、または磁気媒体等に入力することは、法律で認められた場合を除き、著作者および出版者の権利の侵害となりますので、これらの行為をする場合には、あらかじめ小社また編集者宛に承諾を求めてください。

現代人文社の新刊情報

E-mail hanbai@genjin.jp
URL http://www.genjin.jp
現代人文社

ブッシュの戦争犯罪を裁く
アフガン戦犯法廷準備編

アフガン戦犯法廷準備委員会（前田 朗ほか）編

War Crimes: First Report on United States War Crimes Against Afghanistan. The Commission of Inquiry for the War Crimes Tribunal (ed.)

◎定価950円（本体）＋税 ◎A5判 ◎並製 ◎80頁
◎ISBN4-87798-098-9 C0036

GENJINブックレット 33

国際社会の平和と安全を求めるために

ブッシュ米国大統領は、「9.11同時多発テロ」に対する「報復戦争」を、自衛権の行使と称して開始した。
しかし、この武力攻撃は、国際法上いかなる正当化の根拠もない。
いまこそ、アフガニスタンにおけるアメリカの戦争犯罪を裁く国際民間法廷を開催する必要がある。

目次
- アフガニスタン戦争被害調査報告
- 難民キャンプでの聞き取り調査
- NGOからの聞き取り調査
- アフガニスタン戦犯法廷起訴状・草案（ブッシュに対する起訴状）

発行元：(株)現代人文社 〒160-0016 東京都新宿区信濃町20 佐藤ビル201 電話03-5379-0307 FAX03-5379-5388
E-mail hanbai@genjin.jp URL http://www.genjin.jp 郵便為替 00130-3-52366
発売元：(株)大学図書

●小社へ直接ご注文の場合は、お電話かFAXでご注文下さい。

●注文伝票　　　　　　　　　　　　　　　年　　月　　日

ブッシュの戦争犯罪を裁く
アフガン戦犯法廷準備編
アフガン戦犯法廷準備委員会（前田 朗ほか）［編］

GENJINブックレット 33

定価950円（本体）＋税　　　冊　を注文します

発行：現代人文社	電話03(5379)0307	ファックス03(5379)5388
発売：大学図書	電話03(3295)6861	ファックス03(3219)5158

書店名・帳合